Online-Business aufbauen für Anfänger!

Wie du online Geld verdienen und passives Einkommen im Internet generieren kannst.

Grundlagen zum Geld verdienen im Internet

Ilya Ru

Kapitel 14: Top 5 Erfolgsfaktoren im Online-Business
....117

Kapitel 15: Die Schritt-für-Schritt-Anleitung für Anfänger..124

Kapitel 16: Der Vorgeschmack – das ist kein Ende!..149

Kapitel 17: Schlusswort...152

Hilfreiche Quellen und weiterführende Infos 154

INHALT

Einleitung 1

Kapitel 1: Das versteht man wirklich unter einem Online-Business 4

Kapitel 2: Passives und aktives Einkommen 9

Kapitel 3: Das wahre Geheimnis hinter erfolgreichen Gründern eines Online-Business 21

Kapitel 4: So viel Geld und Zeit benötigst du, um online zu starten 31

Kapitel 5: Wie du dein Online-Business nebenberuflich aufbaust 39

Kapitel 6: Das musst du beachten, wenn du aus der Arbeitslosigkeit heraus gründest 46

Kapitel 7: Gewerbeanmeldung und Steuerberater: ab wann macht es Sinn? 50

Kapitel 8: Die nackte Wahrheit über „Schnell-Reich-Werden-Methoden" im Internet 60

Kapitel 9: Top 10 Mythen über Online-Business in Deutschland, denen du immer noch glaubst 65

Kapitel 10: Das Problemlöser-Prinzip 76

Kapitel 11: Diese 8 Fehler musst du vermeiden, wenn du mit deinem Online-Business erfolgreich sein willst 82

Kapitel 12: Anfängerfreundliche Geschäftsmodelle im Internet 95

Kapitel 13: Die richtige Mischung 112

Bildhinweis

Du wirst dich beim Lesen dieses Buches vielleicht fragen, warum keine oder wenige farbige Fotos bzw. Bilder im Buch vorhanden sind. Dies hat einen erheblichen Grund, welchen ich dir gerne näher erläutere.

Es liegt daran, dass Fotos ein bestimmter Kostenfaktor sind, den du als Leser zu tragen hättest. Da ich meinen Lesern dieses Buch aber so günstig wie möglich anbieten möchte, habe ich mich für die reine Textversion entschieden.

Es macht am Ende auch keinen großen Unterschied, ob du Bilder im Buch hast oder nicht. Denn wie viele Ratgeber heutzutage beweisen, handelt es sich bei den meisten Bildern um Beispielbilder, die von professionellen Fotografen, Grafikdesignern oder Stylisten gestaltet wurden.

Dies kostet auch Geld und der Buchpreis müsste dann in diesem Fall viel höher angesetzt werden. Aus diesem Grund habe ich mich dafür entschlossen, hier keine oder wenig Bilder zu verwenden.

Ich hoffe auf dein Verständnis und wünsche dir bereits jetzt viel Spaß beim Lesen und Umsetzen!

Gewähr für die Aktualität, Korrektheit, Vollständigkeit und Qualität der bereitgestellten Informationen. Druckfehler und Falschinformationen können nicht vollständig ausgeschlossen werden.

Es kann keine juristische Verantwortung sowie Haftung in irgendeiner Form für fehlerhafte Angaben und daraus entstandenen Folgen vom Autor übernommen werden.

Für die Inhalte von den in diesem Buch zitierten Internetseiten sind ausschließlich die Betreiber der jeweiligen Internetseiten verantwortlich. Der Autor hat keinen Einfluss auf die Gestaltung und den Inhalt fremder Internetseiten. Der Autor distanziert sich daher von allen fremden Inhalten. Zum Zeitpunkt der Verwendung waren keinerlei illegale Inhalte auf den Webseiten vorhanden.

Die Wiedergabe von Gebrauchsnamen, Handelsnamen, Warenbezeichnungen usw. in diesem Werk berechtigt auch ohne besondere Kennzeichnung nicht zu der Annahme, dass solche Namen im Sinne der Warenzeichen- und Markenschutz-Gesetzgebung als frei zu betrachten wären und daher von jedermann benutzt werden dürfen.

Trotz sorgfältigem Lektorat können sich Fehler einschleichen. Autor ist deshalb dankbar für diesbezügliche Hinweise. Jegliche Haftung ist ausgeschlossen, alle Rechte bleiben
vorbehalten.

Haftungsausschluss

Dieses Buch / E-Book, enthält Meinungen und Ideen des Autors und verfolgt die Absicht, Menschen hilfreiches und informatives Wissen zu vermitteln. Die enthaltenen Tipps und Strategien könnten nicht zu jedem Leser passen. Es gibt keine Garantie dafür, dass sie auch bei jedem funktionieren.

Die Benutzung dieses Buches (E-Books) und die Umsetzung der darin enthaltenen Informationen erfolgt ausdrücklich auf eigenes Risiko. Der Autor übernimmt für etwaige Unfälle und Schäden, die sich beim Besuch der in diesem Buch aufgeführten Orte ergeben (z. B. aufgrund fehlender Sicherheitshinweise), keine Haftung.

Die in diesem Ratgeber enthaltenen Informationen können die Beratung durch einen Arzt oder gleichwertigen Fachspezialisten nicht ersetzen – sie sind keine medizinischen Anweisungen. Die Informationen dienen nur der Vermittlung von Wissen und können die individuelle Betreuung bei einem Sprechstundenbesuch nicht ersetzen. Die Umsetzung der hier gegebenen Empfehlungen sollte deshalb immer mit einem qualifizierten Fachspezialisten abgesprochen werden.

Haftungsansprüche gegen den Autor für Schäden jedweder Art, die durch die Nutzung oder Nichtnutzung der Informationen oder durch die Nutzung fehlerhafter und/oder unvollständiger Informationen verursacht wurden, sind grundsätzlich ausgeschlossen. Rechts- und Schadenersatzansprüche sind ausgeschlossen.

Das Werk inklusive aller Inhalte wurde unter größter Sorgfalt erarbeitet. Der Autor übernimmt jedoch keine

1. Auflage 2020
Copyright © 2020 Ilya Ru
Projekt www.IlyaRu.com
Alle Rechte vorbehalten!

Kein Teil dieses Buches darf in irgendeiner Form ohne schriftliche Genehmigung des Autors reproduziert oder unter Verwendung elektronischer Systeme verarbeitet, vervielfältigt oder verbreitet werden.

Herausgegeben von Ilya Ru

Über den Autor

Ilya Ru wurde 1985 in Russland, Stadt Pjatigorsk geboren. Sein echter Name lautet Ilya Ponomarenko.

Er gibt nie auf und vertritt der Meinung, dass jeder Mensch verdient hat, so zu leben, wie er möchte. Wir haben nur ein einziges Leben und es ist Frechheit die kostbare Lebenszeit für Dinge zu verschwenden, die man nicht mag oder hasst.

Im Jahr 2002 ist Ilya mit seiner Familie nach Deutschland ausgewandert. Er konnte kein Deutsch und hatte kein Geld.

Heute ist Ilya ein stolzer Familienvater, Verheiratet mit einer Frau, mit welcher er 10 Jahre zusammen war. Arbeitet als Kaufmännische Angestellte bei einer großen Firma und ist erfolgreich Selbstständig im Nebenerwerb.

Außerdem hat Ilya geschafft innerhalb von nur 90 Tagen über 27 kg gesund abzunehmen und haltet sein Gewicht heute noch ohne bösen Jo-Jo Effekt.

Auch seine Beziehung und Ehe halten, trotz Höhen und Tiefen immer fest. Als Frischgebackener Vater lernt Ilya immer neues über die Kinder und Vater- bzw. Eltern sein dazu. Und natürlich ist das alles nicht einfach.

All das hat er nur dank seiner Persönlichkeitsentwicklung, learning by doing und vielen durchgemachten Fehler geschafft. Das Leben ist hart, aber es gibt immer eine Lösung. Das kennt Ilya zu gut.

Genau aus diesem Grund hat sich Ilya als Ziel gesetzt mindestens 10.000 Menschen dabei zu helfen, ein besseres, glückliches und erfühltes Leben zu führen. Und seine Bücher sind das beste Mittel um dieses Ziel erreichen. Ilya glaubt fest daran, dass man durch Hilfe anderen und geben, auch sich selbst hilft und sein eigenes Leben dadurch positiv verändert.

Egal ob es um Fitness und Gesundheit, Beziehung und Liebe oder Geld und Karriere handelt. In allen diesen Bereichen hat Ilya Erfahrungen gemacht und sammelt diese ständig weiter. Er lernt viel, informiert sich ständig und tauscht sich mit anderen Menschen aus und ist immer auf der Suche nach guten und praktischen Tipps, die das Leben und Karriere einfacher, erfolgreicher und entspannter machen können.

Seine Erkenntnisse und gesammelten Tipps, Ideen und Strategien gibt er in seinen Sachbüchern unter Pseudonym Ilya Ru weiter. Dabei unterstützt Ihn ein kleines Team von Themenexperten, Textern, Lektoren und Grafikdesignern um möglichst gute, qualitativ hochwertige und nützliche Ratgeber und Sachbücher zu veröffentlichen.

Und wenn man seine Tipps und Ideen aus Sachbüchern umsetzt, dann wird man sein Leben positiv verändern können, man muss es nur tun. Denn von nix, kommt auch nichts!

Weitere Infos über das Projekt Ilya Ru findest du unter www.ilyaru.com

Einleitung

Die Möglichkeiten der Berufswahl sind heutzutage fast endlos, die Bezahlung wird dahingegen immer schlechter. Viele Menschen kämpfen darum, in ihrem Job genug Geld zu verdienen, um sich und die Familie zu versorgen. Vielleicht geht es dir ebenso? Oder bist du noch auf der Jobsuche und findest einfach nicht das Passende für dich? Auch Studenten sind oftmals auf einen Nebenjob angewiesen, um ihr Studium zu finanzieren. Von Zuhause aus im Internet Geld zu verdienen, ist dabei eine verlockende Aussicht.

Auch die Arbeit von Zuhause aus besteht nicht darin, dass du dich zurücklehnen kannst und einen virtuellen Goldesel für dich arbeiten lässt. Trotzdem gibt es einige Vorteile der Heimarbeit, jedoch auch Fallstricke, die du in diesem Buch kennenlernen wirst.

In den nachfolgenden Kapiteln wirst du lernen, was ein Online-Business überhaupt ist, wie du es aufbaust und pflegst, ob und wann du ein Gewerbe anmelden musst und ob sich ein Steuerberater für dich lohnt. Du wirst erfahren, was das Problemlöser-Prinzip ist und welche Fehler du unbedingt vermeiden solltest, wenn du online erfolgreich sein willst. Letztendlich bekommst du von mir sogar eine Schritt-für-Schritt-Anleitung, wie du dein Online-Business in sieben Schritten zum Erfolg bringen kannst.

Also trau dich, aus dem Hamsterrad auszubrechen und dein eigenes Online-Business zu starten. Tu das, was du schon immer tun wolltest, und werde mit finanzieller Sicherheit belohnt.

Ich persönlich habe innerhalb der letzten zehn Jahre über 20 Online-Geschäftsmodelle ausprobiert, doch die meisten haben bei mir nicht funktioniert. Ich hätte jetzt aufgeben können, habe mich aber entschieden, weiterzumachen. Aus jedem gescheiterten Projekt habe ich meine Schlüsse gezogen und Dinge gelernt, die mir beim nächsten Versuch geholfen haben. Projekt für Projekt habe ich ausprobiert, bis ich endlich die Methode gefunden hatte, die bei mir gut funktionierte.

Ich gab nicht auf und hörte nicht auf meine Freunde und Familie, die zu mir gesagt haben, dass ich es einfach lassen sollte. Sie meinten, dass es sowieso nicht funktionieren wird. Und heute verdiene ich mein Geld im Internet mit Affiliate-Marketing, Self-Publishing-Business, T-Shirts, Online-Kursen und Coachings. Was das alles ist und wie man damit Geld verdienen kann, erfährst du in diesem Buch.

Ja, es erfordert Arbeit und du musst erst gewisse Vorleistungen tätigen, doch wenn du nicht aufgibst und einfach dranbleibst, wird es früher oder später funktionieren. Merke dir eine Sache: Die Schnell-Reich-Werden-In-Zwei-Stunden-Methode gibt es nicht, außer vielleicht ein Gewinn im Lotto...

Übrigens, am Ende dieses Buches findest du hilfreiche und coole Bonusinhalte zu diesem Buch. Schaue also mal rein, wenn du mehr über das Buchthema wissen willst und ein paar ergänzende Bonis dazu haben möchtest.

PS: Dieser Ratgeber enthält Affiliate Links. Solltest du das Produkt über diesen Link kaufen, bekomme ich von dem Umsatz eine kleine Provision. Dies verändert aber nicht den Preis des Produktes. Du bist dadurch selbstverständlich nicht benachteiligt.

Liebe Grüße
Ilya Ru

Kapitel 1: Das versteht man wirklich unter einem Online-Business

WAS SAGT DER EXPERTE

Ein Online-Business umfasst prinzipiell alle Geschäftsprozesse, die sich im Internet abspielen. Dazu zählen interne Kommunikation oder E-Mails mit Geschäftspartnern außerhalb des eigenen Unternehmens, aber auch der Business-to-Consumer-Bereich.[1]

Letzterer umfasst beispielsweise das Online-Shopping,

---

[1] https://wirtschaftslexikon.gabler.de/definition/internet-business-51841

ebenso wie verschiedene Preisvergleichs-Seiten, Online-Auktionen oder allgemein das Bewerben eines Produktes oder einer Dienstleistung, die ein Kunde bei dir direkt online oder auf eine andere Weise bestellen und kaufen kann.

WAS SAGT DIESES BUCH

Da der Begriff Online-Business, auch E-Business oder Internet-Business, eine sehr breit gefächerte Definition hat und prinzipiell alle Tätigkeiten der Werbung, des Verkaufs und der Kundenbetreuung umfasst, kann praktisch jeder ohne vorheriges Studium ein eigenes Online-Business aufbauen. Du brauchst dafür keine Ausbildung in Online-Marketing oder einer sonstigen Branche und du musst auch nicht studiert haben. Und das Beste daran ist, dass du es anfangs, und auch später noch, perfekt neben dem Beruf betreuen kannst.

Natürlich wäre dieser Weg nicht so attraktiv, wenn du viel Geld in die Hand nehmen müsstest. Prinzipiell kannst du dir für 0 € dein Online-Business aufbauen. Hierzu gibt es beispielsweise Website-Baukästen wie von WordPress; oder du nutzt die sozialen Medien, wie Facebook, Instagram, Twitter, TikTok und dergleichen, um dich bekannt zu machen, deine Idee vorzustellen und zu bewerben. Der Vorteil einer eigenen Internetseite ist, dass du unabhängig von den Anbietern der sozialen

Netzwerke bist. Deren Vorteil liegt allerdings darin, dass du schnell eine enorme Reichweite generieren kannst, was unabdingbar ist, wenn du online Geld verdienen willst. Am besten funktioniert eine Kombination aus mehreren Methoden, damit du dir mehrere Standbeine aufbauen kannst.

Wenn du also motiviert bist und dich ein bisschen reinhängst, kannst du ganz schnell ganz groß werden. Dabei werden dir immer wieder Fragen begegnen, die du vielleicht nicht auf Anhieb lösen kannst. Dafür gibt es unter anderem dieses Buch. Und alles, was du hier drin nicht findest, kannst du im Internet ganz leicht erkunden. Per YouTube-Tutorials oder mit Erklärungstexten kannst du dir im Internet Wissen über alles Mögliche aneignen. Findest du dennoch nicht das Richtige oder brauchst du Hilfe von einem Experten, können bestimmte Bereiche auch durch Outsourcen geregelt werden. Hier nutzt du beispielsweise die Dienstleistung eines anderen gegen eine Entlohnung und kannst von seiner Expertise profitieren.

Auch bist du vollkommen frei in der Wahl deines Online-Business. Du musst dich nicht an bestehende Geschäftsideen halten, sondern kannst alles, was dir einfällt, in eine Einkommensquelle verwandeln. Hauptsache, du bist gut darin und stehst voll und ganz hinter deinem Produkt oder deiner Dienstleistung. So kannst du dein Hobby zu deinem Beruf machen und dabei auch noch Geld verdienen.

VERSTÄNDNISFRAGEN:

1. Wie definierst du Online-Business?
2. Welche Tätigkeiten kannst du im Online-Business ausüben?
3. Welche Produkte kannst du online anbieten?
4. Welchen Vorteil hat Online-Marketing in Social Media?
5. Was ist der größte Vorteil eines Online-Business für dich?

Notizen:

Kapitel 2: Passives und aktives Einkommen

Das Wort „passiv" ist das Gegenteil zu „aktiv" und lässt sich so auch am besten erklären. „Aktiv" bedeutet, dass du dich tatkräftig für etwas einsetzt oder eben aktiv an etwas arbeitest. Passiv bedeutet auf das Einkommen bezogen, dass du sozusagen Geld verdienst, ohne etwas dafür zu tun.

Natürlich kommt dieses passive Einkommen nicht von irgendwo, sondern bevor du passiv Geld verdienen kannst, musst du vorher etwas dafür geleistet haben. Passives Einkommen braucht also etwas mehr Zeit, bis du es regelmäßig auf deinem Konto hast, kann dafür aber, langfristig gesehen, eine stabile und regelmäßige Einnahmequelle bilden.

Das aktive Einkommen wird dir dafür sofort nach deinem ersten Arbeitsmonat ausgezahlt, ist also sehr schnell verfügbar. Als aktives Einkommen wird beispielsweise die Angestelltentätigkeit in einem Unternehmen bezeichnet, bei der du für die vertraglich festgelegten Tage und Stunden deine Arbeitskraft und dein Wissen diesem Unternehmen zur Verfügung stellst und dafür am Ende des Monats das vereinbarte Gehalt bekommst. Dafür kannst du aber, wenn du nicht länger aktiv arbeitest, auch nicht mehr mit dieser Einkommensart rechnen, du bekommst also nur so lange Geld, wie du wirklich etwas leistest. [2]

In der folgenden Tabelle siehst du die Vorteile und Nachteile der beiden Einkommensarten bildlich dargestellt.

---

[2] https://karrierebibel.de/passives-einkommen/

	Passiveinkommen	**Aktiveinkommen**
Vorteile	Geld generieren, ohne direkt zu arbeiten Arbeitsaufwand geringer, wenn einmal angelaufen	Sofort generiert jeden Monat identisch
Nachteile	Evtl. lange Vorarbeitszeit nötig, bedarf Pflege	Evtl. an geregelte Arbeitszeiten gebunden nur tatsächlich gearbeitete Zeit / tatsächlich erbrachte Leistung wird ausbezahlt

PASSIVES EINKOMMEN

Beim passiven Einkommen brauchst du also, vor allem zu Anfang, Zeit und Herzblut, um dein Online-Business so weit aufzubauen, bis es dann sozusagen von selbst Geld abwirft. Jetzt besteht die Gefahr, dass du dich auf deinen Lorbeeren ausruhst, doch je weniger Arbeit du in dein Business steckst, desto schneller wird dein passives Einkommen wieder absinken. Zwar musst du nicht so regelmäßig und vor allem nicht gebunden an feste Arbeitszeiten deiner Arbeit nachkommen, doch dein Online-

Business will trotzdem gepflegt werden.

Dies wird deutlich, wenn du dir die Beispiele einmal ansiehst, wie du passives Einkommen generieren kannst. Zu ein paar dieser Beispiele kommen wir noch ausführlich im Kapitel 12.[3]

- **Mieterträge:** Hierbei ist es egal, ob du dein Auto, eine Wohnung oder vielleicht dein Kanu oder Fahrrad vermietest. Besitzt du etwas, dass du selten nutzt und das nicht jeder schon Zuhause hat? Dann kannst du es mit einem Mietvertrag, kurz- oder auch langfristig, vermieten und generierst somit Mieteinnahmen. Hierbei will das Gerät oder die Wohnung natürlich gepflegt werden. Es fallen eventuell Reparaturen an oder du musst es nach dem Vermieten wieder reinigen.

- **Soziale Medien:** Egal, ob du dich für Instagram, TikTok, YouTube, Twitter, Facebook oder eine andere Plattform entscheidest – hierüber kannst du eine Menge Follower kreieren. Gerade bei YouTube ist es so, dass über die Klicks auf deine Videos, in welchen du Werbung eingebunden hast, Geld abgeworfen wird, das dir gutgeschrieben wird.

---

[3] https://www.gruender.de/passives-einkommen-aufbauen-25-tipps/

- **Online-Kurse:** Du kannst etwas, das sonst niemand kann oder hast Spaß daran, anderen etwas beizubringen? Dann sind Online-Kurse, Webinare oder Tutorials vielleicht genau richtig für dich. Das Schöne daran ist, dass du den Kurs nur einmal zu erstellen brauchst. Gebucht werden kann er dann jederzeit und du musst auch nicht aktiv bei jedem Modul anwesend sein. Trotzdem solltest du deinen Kunden für Fragen zur Verfügung stehen und einen guten Kundensupport bieten, was übrigens für fast alle der Business-Ideen gilt. Auch kann es nötig werden, dass du Kursinhalte ab und zu bearbeiten oder erweitern musst, damit dein Kurs interessant und der Inhalt auf dem neuesten Stand bleibt.

- **Bücher / eBooks, Workbooks:** Du bist gut im Texte schreiben? Dann ist ein Buch eine gute Möglichkeit, Geld zu verdienen. Vor allem das Veröffentlichen von eBooks ist heutzutage, auch ohne einen Verlag, im Self Publishing möglich. Hierbei ist deiner Fantasie keine Grenze gesetzt und du kannst ein belletristisches Werk (also einen Roman mit einem beliebigen Genre, beispielsweise Krimi, Liebesgeschichte, Sci-Fi oder Kinderbuch), einen Ratgeber, ein Sachbuch oder auch ein Workbook schreiben. Letzteres ist ein Arbeitsheft, mit dem du deinen Kunden einen Zeitvertreib liefern kannst. Dabei nutzen diese dein Heft, ob online oder als Print, als Vorlage, um bestimmte Aufgaben, die du ihnen darin stellst, einzutragen. Du kannst es beispielsweise als eine Art Tagebuch aufbauen und jeden Tag eine neue Aufgabe stellen. Bietest du Dienstleistungen an oder bist du beratend oder als Coach tätig, kannst du dein Workbook ganz spezifisch nach deinen Wünschen und Kursinhalten erstellen. Stelle dir die folgende Frage: Welche Informationen brauchst du von deinem Kunden, um seine Probleme zu erkennen und zu lösen? Auch als eine Art Selbsthilfe-Buch wäre ein Workbook geeignet, bei dem sich der Käufer selbst durch die Fragen arbeitet und seine Probleme selbst zu lösen versucht.[4]

- **Stockfotos, Grafik & Videos:** Es gibt Internetseiten, da kannst du, wenn du ein begnadeter Hobbyfotograf bist, deine Fotos und Videos der breiten Masse an Unternehmen anbieten. Diese suchen immer wieder Content für ihre Website, den Newsletter oder für andere Arten der Werbung. Wühle dich einmal durch das Portfolio der Stockfoto-Anbieter, wie beispielsweise Shutterstock oder pexels.com, und du wirst sehen, dass der Fantasie als Stockfoto-Fotograf keine Grenzen gesetzt sind. Nicht nur Fotos, sondern auch Videos und sogenannte Footagen, also ungeschnittene Film, sozusagen das Kameranegativ, können auf Stockfotografie-Seiten angeboten werden.

---

[4] https://business-mit-struktur.de/blogs/news/eigenes-workbook-entwickeln

Bei Footagen filmst du Freischnauze und stellst dein Rohmaterial zur Verfügung. Daraus können Interessenten dann die passenden Szenen für sich nutzbar machen und du bekommst deine Bezahlung.

- **Nischenwissen / Nischenseiten:** Wenn du dich in einem bestimmten Thema gut auskennst, das im Internet noch nicht weit verbreitet ist, dann nutze diese Lücke und erstelle einen Blog, eine Internetseite, ein Profil auf Social Media oder schreibe ein Buch darüber. Damit kannst du deinem Hobby mehr Aufmerksamkeit schenken.

- **Audiodateien:** Hierunter fallen Podcasts, die Hörbuchvertonung deines eigenen Buches oder eigene Musikaufnahmen.

- **Monetarisierung:** Hast du einen Blog oder eine Website, kannst du darauf Werbung schalten. Konzentriere dich hierbei auf Unternehmen, die zu deinem Blog oder den Themen passen, die du auf deiner Seite präsentierst. Natürlich bist du nur dann interessant für Unternehmen, wenn du eine bestimmte Besucherzahl verzeichnen kannst. Hierzu wiederum musst du dich interessant für die Masse machen und durch guten Content, wie beispielsweise gut recherchierte und geschriebene Texte oder blickfangende Bilder, glänzen.

- **Programmieren / Entwickeln:** Wenn du technisch versiert bist und eine gute Idee hast, kannst du auch deine eigene App entwickeln. Am besten kommen hier Apps an, die das Leben einfacher machen oder einen gewissen Mehrwert bieten. Hier gilt neben der technischen Umsetzung vor allem die originelle Idee, denn Apps gibt es inzwischen extrem viele und dein Ziel muss es sein, aus der breiten Masse hervorzustechen.

- **Affiliate-Marketing:** Dieses Modell werde ich dir in Kapitel 12 noch einmal genauer erklären. Prinzipiell ist Affiliate-Marketing aber so etwas wie eine Weiterempfehlung mit Provision. Hierbei baust du auf deinem Blog, deinem Social-Media-Kanal oder auf deiner Website spezielle Links zu einer Herstellerseite oder Shop-Seite ein. Jeder Verkauf, der über diesen Link getätigt wurde, bringt dir hierbei eine kleine Provision ein und du verdienst passiv. Hierfür ist eine große Besucherzahl auf deinem Profil natürlich sehr von Vorteil.

- **Werbung auf deinem Auto:** Vermiete dein Auto als Werbefläche. Dafür gibt es bestimmte Plattformen, auf denen du die Fläche auf deinem Auto vermieten kannst. Interessierte Unternehmen können dich darüber kontaktieren und ihre Werbung auf deinem Auto anbringen.

- **Aktien und ETFs**: Aktien sind nichts für Anfänger. Hier solltest du dich entweder von einem Fachmann beraten lassen oder zuerst viel Zeit im Internet bei der Recherche verbringen. Wenn du dann genug Ahnung hast, ist der Handel mit Aktien in manchen Fällen jedoch durchaus lukrativ und eine schöne Möglichkeit für ein passives Einkommen.

ETFs sind börsengehandelte Indexfonds. Dies bedeutet, dass eine Fondsgesellschaft mit dem Geld, welches du investierst, Aktien oder Anleihen kauft und so einen Börsenindex „nachbaut". Würde der DAX nachgebaut werden, bedeutete dies, dass du mit deinem investierten Geld genau die 30 Aktienarten kaufen würdest, die im DAX vertreten sind. Hierbei investierst du also nicht in eine einzelne Firma, sondern sozusagen in den Markt.[5]

- **Zinsen:** Auch Zinsen können eine gute Möglichkeit des passiven Einkommens sein. Zwar sind die Zinsen momentan sehr niedrig, die EZB begegnet damit der anhaltenden wirtschaftlich schwachen Lage, doch es gibt mit der Möglichkeit der P2P-Kredite eine von den Banken unabhängige Sparte der Kreditvergabe. P2P-Kredite, auch Peer-2-Peer-Kredite, bezeichnen die Vergabe von Krediten zwischen zwei Privatpersonen und fallen unter

---

[5] https://www.finanztip.de/indexfonds-etf/

den Begriff Crowdlending. Hierbei kannst du dich auf einer Plattform als Investor registrieren und aus verschiedenen Investitionsmöglichkeiten wählen, in die du dein Geld investieren möchtest. Beachte, dass es sich bei P2P-Krediten um ein Risikoinvestment handelt. Deshalb solltest du nur 5 bis maximal 10 % deines Vermögens investieren. Nutze hierfür nur freistehendes Geld, welches du nicht brauchst, um deinen Lebensstandard zu finanzieren, um bei einem negativen Ausgang deiner Investition nicht in existenzielle Nöte zu rutschen.

Natürlich gibt es noch weitere Möglichkeiten, passives Einkommen zu generieren. Sieh dich dafür gerne bei den Quellenangaben um.

Zu guter Letzt noch ein Wort zum Risiko von Passiveinkommen. Oftmals ist diese Form des Geldverdienens mit einem recht niedrigen Risiko verbunden, dass du dabei Geld verlieren könntest. Ausgenommen ist der Handel mit Aktien und anderen Wertpapieren sowie die Investition in P2P-Kredite. Bei den meisten Möglichkeiten jedoch investierst du kein oder nur sehr wenig Geld, dafür jedoch umso mehr Zeit, Herzblut und Arbeit. Bestes Beispiel hierfür ist wohl das Schreiben eines Buches, das durchaus mehrere Monate und viel Recherche beanspruchen kann.

Wichtig ist, dass du nicht enttäuscht bist, wenn sich das Buch jetzt nicht verkauft oder wenn niemand auf deinem Blog vorbeischaut. Bleib dran und werbe für dich und dein Produkt und der Erfolg wird kommen. Denk daran, dass – wenn du zu passiv bist – sich dein passives Einkommen auch schnell wieder in Luft auflösen kann.

VERSTÄNDNISFRAGEN:

1. Was unterscheidet das passive Einkommen vom aktiven Einkommen?
2. Inwieweit ist die Passivität beim passiven Einkommen mit Arbeit verbunden?
3. Welche Gefahr birgt passives Einkommen?
4. Wie risikoreich ist passives Einkommen?
5. Eignest du dich für die Arten des passiven Einkommens?

Notizen:

Kapitel 3: Das wahre Geheimnis hinter erfolgreichen Gründern eines Online-Business

Hast du dich vielleicht auch schon das ein oder andere Mal gefragt: Warum hat der oder die es geschafft, ich aber nicht? Mein bester Tipp für dich: Sei nicht neidisch auf erfolgreiche Menschen, nimm sie dir stattdessen zum Vorbild. Überlege dir Folgendes: Was unterscheidet mich von diesem Menschen und was kann ich von ihm lernen, um das zu schaffen, was er geschafft hat?

MINDSET

„Mindset" ist ein Wort aus der englischen Sprache und wird mit „Denkweise" ins Deutsche übersetzt. Ein anderes Wort wäre „Einstellung" oder passender „innere Einstellung".

Unsere Einstellung und Denkweise sind nicht angeboren, sondern entwickeln sich über die Jahre und werden durch unsere Erfahrungen geprägt. Positive wie auch negative Erinnerungen bilden unsere Einstellung zu einem gewissen Thema. Sind beispielsweise deine Erfahrungen mit etwas vorwiegend positiver Natur, freust du dich, wenn du dieser Sache nachgehen kannst. Dabei ist es vollkommen egal, um was es sich handelt – Autofahren, sich mit Freunden treffen, eine bestimmte Arbeit erledigen oder vielleicht sogar das Halten einer Präsentation oder das Performen auf einer Bühne.

Diese positive Grundeinstellung kann schnell ins Gegenteil umschlagen, wenn du in der Vergangenheit negative Erfahrungen mit diesen Dingen verknüpft hast. Dabei reicht es schon, wenn du dich selbst in deiner Haut nicht wohlgefühlt hast oder deine Kollegen eine abfällige Bemerkung oder Unmut geäußert haben. Auch Unfälle, beispielsweise im Sport, führen dazu, dass eine Tätigkeit negativ behaftet ist und du sie nicht mehr gerne, vielleicht sogar mit Angst oder Unsicherheit ausführst.

Dies macht deutlich, dass sich die Denkweise im Laufe des Lebens ständig verändert und nichts ist, was in Stein gemeißelt ist. Auch die Psychologin Carol Dweck beschreibt mit ihren Definitionen zu Growth Mindest und Fixed Mindset genau diese Tatsache.

Fixed Mindest bedeutet, dass du davon ausgehst, wenn du an einer Aufgabe scheiterst, dass dir die dazu nötigen Fähigkeiten fehlen oder du dafür vielleicht einfach kein Talent hast. Du bist in deinem Mindset starr und unflexibel.

Growth Mindest hingegen beschreibt, dass du dich weiterentwickeln kannst. Hierbei bedeutet ein Scheitern nicht, dass dir das Talent fehlt, sondern es ermutigt dich dazu, noch härter zu trainieren oder stärker zu lernen, um dir die nötigen Fähigkeiten anzueignen und noch einmal das zu versuchen, woran du vorher gescheitert bist. Dein Mindset ist also flexibel, dynamisch und kann wachsen.

Stillstand bedeutet den Tod. Dies ist in der Biologie genauso richtig wie in der Unternehmenswelt. Ruhe dich niemals auf deinem Erfolg aus und gib dich niemals damit zufrieden, Niederlagen auf mangelndes Talent zu schieben, sondern probiere es immer und immer wieder.

Dein Mindset zu verändern, ist nicht gerade leicht, jedoch keinesfalls unmöglich. Sei dir jedoch bewusst, dass auch das nicht von heute auf morgen möglich ist. Sei offen für Neues und bleibe neugierig.

Um sich weiterzuentwickeln, ist das Lernen neuer Dinge die einzige funktionierende Methode. Gehe Herausforderungen nicht aus dem Weg, sondern nimm sie an und betrachte sie als Lernschritt. „Es ist noch kein Meister vom Himmel gefallen" – du kannst nur dann besser werden, wenn du etwas mehrfach wiederholst und übst. Bleibe dabei immer realistisch und vermeide es, zu perfektionistisch zu werden. Dies zieht deine Aufgaben unnötig in die Länge und nimmt dir vor allem die gesamte Motivation und den Spaß an deiner Tätigkeit.

Das heißt nicht, dass du schlampige Arbeit abliefern sollst, gib stattdessen immer dein Bestes. Dabei gehören Rückschläge dazu. Lerne, mit Niederlagen umzugehen. Sprich beispielsweise mit Kollegen darüber, um alternative Lösungswege zu suchen. Du bist nicht der Erste, der an etwas scheitert, und du wirst nicht der Letzte sein. Dies gehört dazu. „Faliure is Success if you learn from it." – Niederlagen können Erfolge sein, wenn du daraus lernst.

Zu guter Letzt vergiss nicht, deine Erfolge zu feiern. Auch kleine Schritte sind es wert, dass du dich an ihnen erfreust.

Wenn du eher der visuelle Typ bist, hilft es dir vielleicht, eine Art Checkliste zu erstellen, mit der du dich selbst immer wieder daran erinnern kannst, was positives Denken ist und was Growth Mindset ausmacht.[6]

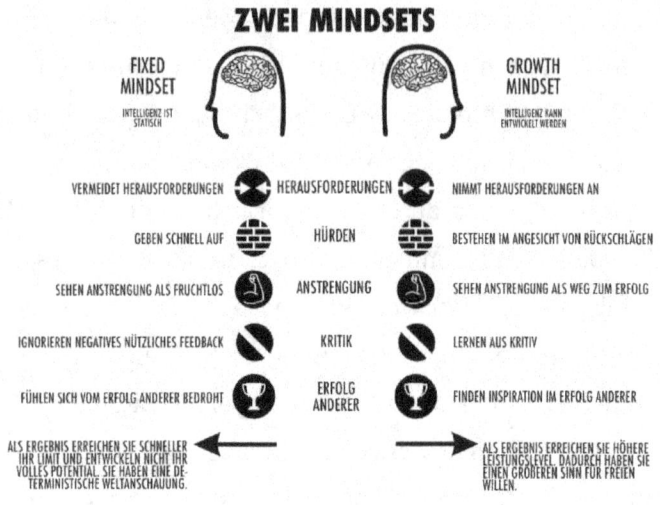

ACHTSAMKEIT

Achte auf dein Geld. Damit ist nicht gemeint, dass du jeden Cent zweimal umdrehen sollst, ehe du eine Investition tätigst. Für manche Geschäftsideen im Internet ist eine einmalige Investition nötig und, wenn du dich für eine dieser Business-Ideen entscheidest, auch durchaus angebracht. Pass dabei auf, dass deine Investitionen nicht deinen Rahmen sprengen. Konzentriere dich zuerst

---

[6] https://karrierebibel.de/mindset/

auf eine Sache, die du angreifen willst. Es besteht sonst schnell die Gefahr, dass du mehr und mehr Geld ausgibst, um dir passives Einkommen „zu erkaufen".

Prinzipiell ist es die richtige Methode, auf mehrere Einkommensströme zu setzen. Hierbei ist auch eine Kombination aus aktivem und passivem Einkommen sehr gut geeignet, um einen gelungenen Start in dein eigenes Online-Business zu ermöglichen.

DISZIPLIN

Ein funktionierendes passives Einkommen aufzubauen – oder im Idealfall sogar mehrere –, ist kein Zuckerschlecken. Im Gegenteil, es erfordert harte Arbeit. Hier ist deine Disziplin gefragt. Du brauchst Durchhaltevermögen, um deine Ziele zu erreichen.

Auf dem Weg an die Spitze wirst du mehrmals scheitern. Denke hierbei immer an das Growth Mindset und lasse dich von diesen Niederlagen nicht dominieren. Sei nicht entmutigt und gib nicht auf, wenn etwas nicht sofort funktioniert, sondern suche nach neuen Lösungswegen.

Womöglich ist der richtige Weg auch, ein angefangenes Business wieder zu beenden. Wenn du merkst, dass es dir nicht liegt oder dass der gewünschte Erfolg ausbleibt, ist es keine Schande, das Begonnene auch wieder zu beenden. Du selbst bist verantwortlich für dein

Handeln – dies bedeutet, dass du auch nur dir selbst Rechenschaft schuldest, es aber auch nur auf dich selbst schieben kannst, wenn etwas nicht funktioniert, weil du zu wenig Arbeit hineingesteckt hast oder diese Business-Idee einfach nicht zu dir passt.

Habe keine Angst davor, neu zu beginnen. Wie schon weiter oben erwähnt, kann das Scheitern dir vieles beibringen und vielleicht ist schon das nächste neue Projekt genau das, was du dir immer erträumt hast.

Sei dir bewusst, dass es nötig sein wird, manche Dinge zu opfern, um erfolgreich zu sein. Natürlich musst du keine Freundschaft aufgeben oder deine Partnerschaft beenden. Sprich offen und ehrlich über dein Vorhaben und versuche, eventuelle Kritik anzunehmen und in etwas Positives zu verwandeln. Deine Freizeit jedoch wird definitiv zu den Dingen gehören, die du, gerade zur Anfangszeit, „opfern" wirst, denn wenn du einem geregelten Beruf nachgehst oder mitten in deinem Studium steckst und nebenbei versuchst, dir ein Online-Business aufzubauen, wird dich die Arbeit bis spät in die Nacht wachhalten.

Probiere dich aus, teste und lerne, mache Fehler und versuche dich an verschiedenen Modellen, bis du das findest, was dir am meisten liegt. Sei dabei nicht enttäuscht, wenn es nicht auf Anhieb funktioniert und vor allem: bleibe diszipliniert. To-Do-Listen oder Wochenziele können dir bei der Strukturierung helfen.

MENTOR

Wenn du die Möglichkeit hast, suche dir einen Mentor. Mentoren sind Leute, die dich auf deinem Weg unterstützen und dir ihre Expertise zur Verfügung stellen. Zumeist sind es Menschen, die denselben Weg gegangen sind wie du und die dir all deine Fragen beantworten können.

Auch wenn du keinen Mentor findest, mit dem du reden kannst, gibt es sehr viele Bücher über Start-up-Unternehmer, Gründer und erfolgreiche Geschäftsmodelle. In dieser Fülle an Tipps und Tricks sind nahezu alle Sparten vertreten.

Mein Tipp: Lies nicht nur die Bücher, die zu deinem ausgewählten Geschäftsmodell passen, sondern auch einmal solche, denen eine ganz andere Idee zugrunde liegt. Je mehr Informationen du sammelst, umso mehr Wissen häufst du an. Und wie du schon weiter oben gelernt hast, ist Wissen die erste Grundvoraussetzung für deinen Erfolg.

Geheimrezept Podcasts: Nicht nur, wenn du etwas lesefaul bist, eignen sich Podcasts für die Recherche. Oftmals werden gerade erfolgreiche Gründer in verschiedenen Podcast-Formaten interviewt und zu ihrem Erfolg und ihrem Lebensweg befragt. Bewaffne dich gerne mit Stift und Papier, während du dem Podcast lauschst, und notiere dir Ideen und Tipps aus den Mündern der erfolgreichen Gründer. Podcasts sind ein ideales Mittel, um deine Vorbilder aus dem Nähkästchen plaudern zu hören. Hier werden oft Fakten erzählt und Tipps gegeben, die so noch nicht von diesen Personen niedergeschrieben wurden.

VERSTÄNDNISFRAGEN:

1. Ist Neid ein geeigneter Antrieb?
2. Wie beeinflussen deine Erfahrungen deine innere Einstellung?
3. Wie kannst du dein Mindset beeinflussen?
4. Wie gehst du mit deinem Geld, gerade zu Anfang der Gründungsphase, um?
5. Warum solltest du dich nicht selbst belügen?

Notizen:

Kapitel 4: So viel Geld und Zeit benötigst du, um online zu starten

Die verschiedenen Geschäftsmodelle des Online-Business unterscheiden sich teils sehr stark voneinander, was deinen Einsatz und deine Vorleistungen angeht, die du tätigen musst. Manche davon kannst du komplett ohne Kapitalinvestition starten, also ohne zuerst Geld investieren zu müssen. Bei anderen Modellen ist ein bestimmter Geldbetrag nötig, um damit beginnen zu können. Oftmals ist dies auch von dir abhängig und davon, wie viel du leisten willst oder kannst, bevor dein Business starten kann.

Ein Beispiel ist die Erstellung einer Website. Mit gewissen Baukästen, wie beispielsweise WordPress, ist es möglich, eine komplett kostenlose Website zu erstellen. Du kannst aber natürlich auch Geld für einen professionellen Website-Programmierer ausgeben, der dir als Dienstleistung eine Seite erstellt, mit der du dann online gehen kannst. Dies kostet dich dafür weniger Zeit, die du bei der kostenlosen Variante in die Erstellung deiner Website investierst.

Um genau zu wissen, wie viel Zeit und Geld du investieren musst, solltest du dich im Vorhinein gut über die Geschäftsidee informiert haben. Surfe im Internet und trage alle Informationen zusammen, die du benötigst, unter anderem auch alternativen Wege, die Idee in die Tat umzusetzen.

Ein Beispiel hierfür will ich dir mit dem Schreiben eines Buches geben. Um ein Buch zu schreiben, brauchst du neben deiner Kreativität nichts weiter als einen Laptop und ein Textverarbeitungsprogramm. Um dein Werk anschließend zu veröffentlichen, kannst du dies online über verschiedene Self-Publishing-Netzwerke tun. Diese verlangen dafür kein Geld, dir kommt aber meist auch nicht der gesamte Kaufpreis zugute, sondern nur ein gewisser Anteil davon. Natürlich kannst du dir auch einen Verlag oder eine Agentur suchen. Diese Suche gestaltet sich vermutlich langwierig und du musst hartnäckig bleiben. Dabei fallen möglicherweise Kosten, beispielsweise für Manuskriptdruck und Versand, an.

Auch das Bewerben deines Werkes kann ein Kostenfaktor sein. Und selbst wenn du dein Buch ohne vorherige Geldinvestitionen veröffentlichst, solltest du bedenken, dass das Schreiben und die eventuell vorher nötige Recherche sehr viel deiner Zeit fordern werden.

Generell gibt es viele solcher Online-Geschäftsmodelle, die du mit wenig Eigenkapital starten kannst. Bedenke hierbei, dass es sich wirklich nur um die erste Investition handelt, um deine Idee anzuschieben. Nach und nach fallen natürlich mehr Kosten an, die dann idealerweise schon aus den Einnahmen deines Online-Business getätigt werden können. Das Internet macht eine Gründung mit wenig Kapital möglich, was für viele Menschen, die nicht einmal eben sehr viel Geld auf der hohen Kante liegen haben, eine Chance bietet, ohne eine Kreditaufnahme ein Business zu gründen. Das bedeutet, dass die Gefahr der hohen Verschuldung dabei deutlich geringer ist. Oftmals ist es dann nur ärgerlich, wenn deine Unternehmung scheitert, dir bleibt aber noch genug Geld übrig, um es ein weiteres Mal versuchen zu können, und noch einmal und noch einmal …

Im Folgenden findest du einige Ideen von Online-Business-Plänen und konkrete Zahlenangaben deiner Investitionen.

EIN EIGENER BLOG

Um einen Blog im Netz zu starten, brauchst du das Hosting und eine Domain.

Hosting bedeutet in etwa „Gastgeber sein" und sagt, dass deine Website von einem professionellen Hoster erstellt und veröffentlicht wird. Für ein privates Projekt oder eben für deinen Blog kannst du auch einfach nur Webspace und den Domain-Namen mieten.

Deine Domain ist deine Internetadresse oder zumindest ein Teil davon. Darüber ist deine Website ganz explizit dir zuzuordnen und es können keine Fehler entstehen.

Für das Mieten von Domain und Webspace fallen bei einem Hosting-Service unterschiedlich hohe monatliche Kosten an. Es gibt gute Services, die schon ab 5 Euro monatlich zu mieten sind, wie beispielsweise All-Inkl: https://www.ilyaru.com/allinkl.

Dahingegen kannst du mit sogenannten Contentmanagement-Systemen, wie WordPress, vollkommen kostenlos deine eigene Seite erstellen. Dies hat den Vorteil, dass du unabhängig von Drittanbietern bist und auch einmal selbst schnell eine Änderung vornehmen kannst.

Hierbei gilt wieder der Grundsatz: Zahlst du nicht mit Geld, dann zahlst du mit deiner Zeit. Denn das Erstellen der Website wird dich einige Zeit und mehrere Versuche kosten – ist dafür aber vollkommen kostenlos.

Bedenke zusätzlich, dass es in diesen Contentmanagement-Systemen meist limitierte vorgefertigte Vorlagen gibt, aus denen du wählen musst. Hast du einen sehr speziellen Wunsch, so lässt sich dieser möglicherweise damit nicht zu deiner Zufriedenheit umsetzen.

Um deinen Blog also zu starten – oder auch einfach deine Website –, brauchst du zwischen 0,- und 90,- Euro. Hierbei entfallen ca. 50,- Euro Jahresbeitrag auf Hosting und Domain. Wenn du beispielsweise WordPress nutzt, um deine Website aufzubauen, kannst du dort verschiedene Premium-Angebote dazukaufen, wie beispielsweise Premium-Themes, die dir mehr Gestaltungsmöglichkeiten, zusätzliche Funktionen und oft auch Support durch die Theme-Entwickler bieten. Die Themes starten bei ca. 14,- Euro. Je nach deinen Vorlieben kannst du dich bei den Themes austoben. Behalte dabei aber immer den Preis im Hinterkopf. Themes kannst du jederzeit auch auf eine bestehende Website einbauen, du musst dich also nicht sofort entscheiden.

NISCHEN- UND ANDERE WEBSITES

Ebenso wie ein eigener Blog ist auch eine Nischenwebsite aufgebaut. Diese kostet dich prinzipiell auch genauso viel Geld – oder eben Zeit.

Eine Nischenwebsite beschäftigt sich mit etwas, das im Netz noch nicht weit verbreitet ist. Hierbei ist die

Recherche fast noch wichtiger als bei deinem Blog, denn auf deiner Nischenwebsite lieferst du dem Besucher detaillierte Infos über eine Thematik. Sei dir also bewusst, dass hierfür viel Zeit für die Erstellung der Seite und des Contents notwendig ist. Das Pflegen wiederum ist etwas weniger zeitintensiv, da nicht andauernd – wie bei einem Blog – neue Artikel erscheinen müssen. Dennoch solltest du die Lage auf dem Markt im Auge behalten und neue Erkenntnisse oder dergleichen auf deiner Seite einbauen.

Ist die Seite dann erst einmal online gegangen, solltest du bedenken, dass du damit nur Geld verdienen kannst, wenn du ein gewisses Besucheraufkommen auf deiner Seite hast. Im nächsten Schritt solltest du dich also mit dem Bewerben deiner Seite und dem Ranking in den Google-Suchergebnissen auseinandersetzen.

Dieses Prinzip gilt für alle Websites, die du im Internet erstellen willst.

EBOOKS

Noch ein kurzes Wort zu eBooks, die ja in der Einleitung dieses Kapitels schon Thema waren. Ein gutes Schreibprogramm lässt sich im Internet oftmals kostenlos finden und die Veröffentlichung über Amazon, Digistore oder andere Plattformen ist meist kostenfrei.
Natürlich kannst du das Buch aber auch über deine

eigene Website vermarkten. Dafür fallen dann einmalig Kosten an, mit denen das eCommerce-Plugin zu bezahlen ist. Diese liegen bei ca. 100,- Euro.

WAS MUSS ICH NOCH BEACHTEN?

Bedenke, dass die hier aufgeführten Beispiele nur den Preis der Gründung bzw. das Kapital angeben, das du benötigst, um online zu starten. Während dein Unternehmen wächst, fallen laufend weitere Kosten an – unter anderem auch die Gewerbeanmeldung ist hier zu nennen.

Ziel deines Online-Business ist es jedoch, mit möglichst wenig Kapital das erste Geld zu generieren. Und aus diesem Umsatz können dann laufende Kosten gedeckt oder weitere Maßnahmen bezahlt werden, um dich und deine Unternehmung bekannter zu machen und immer weiter zu verbessern.

VERSTÄNDNISFRAGEN:

1. Welchen Vorteil ziehst du daraus, bei der Gründung eine Geldinvestition zu tätigen?
2. Welchen Nachteil ziehst du daraus, bei der Gründung eine Geldinvestition zu tätigen?
3. Welche Ressource investierst du in dein Online-Business, wenn du keine Geldinvestition leistest?
4. Welche Ressourcen besitzt du bereits, welche musst du zukaufen?
5. Was ist mit der Initialinvestition abgedeckt und was folgt in den nächsten Monaten?

Notizen:

Kapitel 5: Wie du dein Online-Business nebenberuflich aufbaust

Es ist auf jeden Fall empfehlenswert, dass du dein Online-Business nicht hauptberuflich angehst – zumindest am Anfang noch nicht. Sei dir bewusst, dass du einige Zeit brauchen wirst, um die richtige Geschäftsidee zu finden und mit dieser erfolgreich durchzustarten. Wenn du dabei weiterhin in der Sicherheit eines Arbeitnehmerverhältnisses stehst, wirst du dich ohne finanzielle Ängste mit der Thematik auseinandersetzen können.

PSYCHOLOGISCHER DRUCK DER FAMILIE

Hierbei ist es vor allem wichtig, dass du den Rückhalt von Freunden und deiner Familie hast. Wenn du jedes Mal zuerst diskutieren musst, bevor du deine Zeit allein Zuhause verbringst, um dort dein Online-Business zu planen, aufzubauen und zu pflegen, nimmt dir das einen Großteil der Energie, der Motivation und der Begeisterung, die du stattdessen für dein Business aufbewahren solltest. Sprich mit den Menschen in deinem Umfeld, vor allem mit denjenigen, mit denen du zusammenwohnst, und erkläre ihnen, warum du für deine Idee brennst. Es hilft, wenn du schon einen konkreten Plan hast, wie du dein Business aufbauen und umsetzen willst, sodass du beispielsweise deinen Eltern, deinem Partner oder deinen Freunden zeigen kannst, dass dies nicht nur ein Hirngespinst ist, sondern dein bitterer Ernst.

Versuche, sie genauso von deiner Idee zu begeistern, wie du selbst es bist. Wenn du das geschafft hast, kannst du sie auch in dein kleines Online-Business in der einen oder anderen Weise mit einbinden. Hierzu zählt schon, wenn du deine Freunde und deine Familie ab und zu um Rat oder um ihre Meinung fragen kannst, ohne dich direkt wieder rechtfertigen zu müssen.

Natürlich ist es nicht ausgeschlossen, dass du ein Online-Business starten kannst, ohne dass du von allen Seiten Unterstützung erfährst. Versuche dennoch unbedingt, die Kritikpunkte deiner Familie zu verstehen und die dahinterliegenden Ängste zu ergründen und aufzulösen. Ansonsten wird die Zeit, die du für dein Online-Business aufbringen musst, für deine Familie und im Umkehrschluss auch immer für dich selbst negativ behaftet sein. Dies führt dazu, dass der psychologische Druck auf dich wächst und du letztendlich deine Idee aufgeben könntest, nur um den Konflikt in der Familie zu vermeiden.

MUSS ICH MEINEN ARBEITGEBER INFORMIEREN?

In den meisten Fällen gibt es keinen Zwang dazu, deinen Arbeitgeber über den Start deines Online-Business zu informieren. Anders ist dies, wenn in deinem Arbeitsvertrag oder in einem existierenden Tarifvertrag explizit darauf hingewiesen wird. Dennoch kann es empfehlenswert sein, deinen Arbeitgeber darüber zu informieren, dass du einer nebenberuflichen Tätigkeit nachgehst, in welcher Form auch immer dies für deinen Arbeitgeber relevant ist.

Beachten solltest du natürlich, dass die nebenberufliche Tätigkeit, also beispielsweise die Pflege deines eigenen Blogs, deinen Hauptberuf nicht beeinträchtigen darf und du während deiner Arbeitszeit als angestellter Arbeitnehmer keine Aufgaben für dein eigenes Online-Business abarbeiten solltest. Dies gefährdet im schlimmsten Fall deinen Job und sollte deshalb wirklich niemals passieren.

Auch solltest du mit deinem Online-Unternehmen nicht in die direkte Konkurrenz zu deinem Hauptjob treten, dabei sind Probleme vorprogrammiert und hier kann dir ebenfalls sehr schnell gekündigt werden.

GIBT ES EINEN HÖCHSTVERDIENST?

Eine Verdienstgrenze ist vor allem für dich zu bedenken, wenn du aus der Arbeitslosigkeit heraus gründest, dazu aber mehr im nächsten Kapitel.

Wenn du einem Beruf nachgehst, also Arbeitnehmer bist, solltest du darauf achten, dass Einnahmen aus deiner selbstständigen Tätigkeit nicht dein Monatsgehalt übersteigen, da sich sonst vor allem Versicherungsbeiträge wie Sozialversicherungen und Krankenkassenbeiträge, die anhand deiner Haupttätigkeit berechnet und abgeführt werden, verändern. Wenn dies bei dir der Fall ist, solltest du dir kompetente Hilfe und Beratung bei einem Fachmann einholen.

ARBEITEN WANN IMMER UND WIE VIEL DU WILLST?

Die Selbstständigkeit lockt gerade mit der Angabe, dass du deine Zeit vollkommen frei einteilen kannst und so viel arbeiten darfst, wie du selbst es für richtig hältst. Generell gilt jedoch, dass dein Hauptjob niemals beeinträchtigt werden sollte. Auch in Krankheitsfällen oder im Falle eines Urlaubs solltest du nicht für dein nebenberuflich laufendes Online-Business arbeiten, da diese Zeit, gesetzlich vorgeschrieben, der Erholung gilt und dein Arbeitgeber davon ausgehen könnte, dass deine Nebentätigkeit dem Hauptjob schadet.

Bedenke, dass auch die Krankenversicherung hier eine Ausnahme darstellt. Wenn du mehr als 18-20 Stunden in der Woche für deine Selbstständigkeit arbeitest, kann sich dein Status ändern und du brauchst vielleicht eine extra Krankenversicherung. Kläre das im Zweifel mit deiner Versicherung direkt ab, da sich die verschiedenen Anbieter hier auch deutlich unterscheiden.

STOLPERFALLE SCHEINSELBSTSTÄNDIGKEIT

Als scheinselbstständig giltst du, wenn 5/6 deiner Einnahmen von einem Auftraggeber stammen. Dies legt nahe, dass du diesem weisungsgebunden bist und euer Verhältnis eher einer Arbeitgeber-Arbeitnehmer-Tätigkeit gleicht. Sei sehr vorsichtig, wenn dies bei dir der Fall ist, denn dann bist du sozialversicherungspflichtig, was zu hohen Nachzahlungen führen kann.

VERSTÄNDNISFRAGEN:

1. Welche Vorteile bietet dir die nebenberufliche Selbstständigkeit in der Gründungsphase?
2. Inwiefern kann deine familiäre Situation deine Leistung beeinflussen?
3. Was kommunizierst du gegenüber deinem Arbeitgeber?
4. Welche Branche solltest du nicht für einen Nebenberuf wählen, wenn du hauptberuflich angestellt bist?
5. Bist du als nebenberuflich Selbstständiger in deiner Arbeitsweise eingeschränkt?
6. Wie gefährlich ist die Scheinselbstständigkeit?

Notizen:

Kapitel 6: Das musst du beachten, wenn du aus der Arbeitslosigkeit heraus gründest

Gerade, wenn du momentan auf Jobsuche bist oder schon seit längerem mit der Arbeitslosigkeit zu kämpfen hast, ist es sehr verlockend, dein eigenes Online-Business zu gründen und damit groß herauszukommen. Beachte, dass du jedoch mit deinem monatlichen Verdienst in keinem Fall über 400 Euro kommen solltest, wenn du weiterhin Arbeitslosengeld beziehen willst.

Wenn du dich während einer bestehenden Arbeitslosigkeit also dazu entschließt, ein Online-Business zu gründen, vereinbare gleich einen Beratungstermin mit deinem Arbeitsberater. Dieser kann dir genau erklären, worauf du achten musst. Beispielsweise kannst du eine Förderung deines Gewerbes beantragen, die Chance auf die Fördermittel hast du aber nur, wenn du alle Formulare vor der Anmeldung deines Gewerbes bereits ausgefüllt und eingereicht hast.

Auch zu dem Thema, wie viele Stunden in der Woche du für dein Online-Business investieren und wie viel Geld du damit verdienen darfst, ist je nach dem erhaltenen Arbeitslosengeld (ALG I oder II) unterschiedlich und sollte im Vorfeld unbedingt mit deinem Berater abgeklärt werden.

Beziehst du ALG I, darfst du nur maximal 15 Stunden die Woche für dein Unternehmen arbeiten und der monatliche Freibetrag ist begrenzt auf 165 Euro. Gewinne, die du darüber hinaus erzielst, können dir vom Arbeitslosengeld abgezogen werden. Es ist allerdings möglich, dass du dich sogar tageweise aus der Arbeitslosigkeit abmelden kannst, um die Gewinne komplett zu behalten, hier solltest du dich jedoch unbedingt vorher eingehend beraten lassen, da du dich in der Zeit, in der du nicht arbeitslos gemeldet bist, selbstständig um eine laufende

Sozialversicherung kümmern musst.

Erhältst du ALG II, darfst und sollst du auch selbstständig tätig sein, du musst allerdings auch hier einige komplexe Dinge beachten, die dir am besten dein Arbeitsberater schildern kann. Da das Arbeitslosengeld II auch Einkünfte von Angehörigen und Bedarfsgemeinschaften umfasst, ist der Freibetrag auf monatlich 100 Euro gedeckelt. Je nachdem, ob du dann noch Kinder hast oder nicht, darfst du 10 bis 20 % der Gewinne behalten, die diese 100 Euro monatlich übersteigen.[7]

---

[7] https://www.akademie.de/wissen/nebenberuflich-selbststaendig/regeln-arbeitsagentur

VERSTÄNDNISFRAGEN:

1. Was bedeutet es, dich an den Freibetrag zu halten?
2. Ist es nötig, gewisse Schritte einzuhalten?
3. Inwieweit bist du zeitlich eingeschränkt?
4. Ist die Selbstständigkeit für Arbeitslose komplizierter oder einfacher, als nebenberuflich zu gründen?
5. Ab wann verlierst du deinen Arbeitslosenstatus?

Notizen:

Kapitel 7: Gewerbeanmeldung und Steuerberater: ab wann macht es Sinn?

Sobald du selbstständig tätig bist, musst du in fast allen Fällen auch ein Gewerbe anmelden und dir über die Art deines Unternehmens Gedanken machen. Natürlich musst du auch auf deine Gewinne Steuern abführen – außer, du zählst zu den Kleinunternehmern, für diese gibt es eine Sonderregelung, die unter dem Punkt „Kleinunternehmerregelung" erklärt wird.

GEWERBEANMELDUNG

Egal, ob du haupt- oder nebenberuflich gewerblich tätig bist, du brauchst in beiden Fällen eine Gewerbeanmeldung. „Gewerblich tätig" heißt, dass du mit der Absicht der Gewinnerzielung handelst, ein nachhaltig aufgebautes Gewerbe besitzt, dabei selbstständig tätig bist und mit anderen Unternehmen oder Selbstständigen deine Waren oder Dienstleistungen handelst.

Dabei müssen nicht alle vier Punkte zutreffen – prinzipiell reicht es schon, dass du mit deinem Online-Business Geld verdienen willst und es ist glasklar: Du brauchst eine Gewerbeanmeldung.

Diese ist auch mit Kosten von 20 bis ca. 40 Euro überhaupt nicht teuer und sogar recht einfach in deinem zuständigen Gewerbeamt zu beantragen. Der Punkt, über den du dir die meisten Gedanken machen solltest, ist die Tätigkeitsbeschreibung. Lege dich hier nicht zu spezifisch fest, damit du dein Gewerbe später in beliebige weitere Bereiche ausdehnen kannst.

Anmelden solltest du dein Gewerbe prinzipiell, bevor du mit der Umsetzung beginnst. Also wenn du morgen mit deiner eigenen Website online gehst und darauf Coachings zum Verkauf anbietest, solltest du heute noch dein Gewerbe anmelden, um komplett auf der sicheren

Seite zu sein.

Eine Ausnahme ist es, wenn du freiberuflich tätig bist. Die freien Berufe sind im EstG in §18 definiert. Hierzu zählen Anwälte, Ärzte, Notare, Künstler und Ähnliches. Konzentrierst du dich also rein darauf, eBooks über Amazon zu veröffentlichen, brauchst du keine Gewerbeanmeldung, du musst lediglich dem Finanzamt deine freiberufliche Tätigkeit anmelden. Eine wichtige Ausnahme ist es, wenn du Ghostwriter oder Texter engagierst, um deine Manuskripte zu schreiben. Dann fällst du logischerweise nicht unter den Punkt der freien Berufe und musst in jedem Fall ein Gewerbe anmelden.

Auch nötig wird die Gewerbeanmeldung, wenn du deine Bücher auf einer eigenen Website verkaufen möchtest, die du möglicherweise zusätzlich (vielleicht auch erst in einem zweiten Schritt) mit Werbung bestückst.

Sprich im Zweifelsfall einfach mit deinem für dich zuständigen Gewerbeamt und einem fachmännischen Berater über dein Vorhaben.

KLEINUNTERNEHMERREGELUNG

Genau definiert ist die Kleinunternehmerregelung im §19 des Umsatzsteuer-Gesetzbuches (UstG). Wenn du also die Kleinunternehmerregelung beanspruchen kannst, bist du von der Abgabe der Umsatzsteuer ans Finanzamt befreit und musst deine Zeit auch nicht mit der Umsatzsteuervoranmeldung verschwenden. Auf den von dir erstellten Rechnungen für deine Dienstleistungen oder deine Produkte darfst du also keine Umsatzsteuer ausweisen, du gibst die Nettokaufsumme an. Dafür versiehst du deine Rechnung mit einem kleinen Hinweis:

„Gemäß §19 UstG nicht umsatzsteuerpflichtig"-

Natürlich gilt dies nicht andersherum. Rechnungen, die du bezahlen musst, sind nicht von der Umsatzsteuer befreit, du musst den Firmen für ihre Dienstleistungen oder Produkte den vollen Brutto-Rechnungsbetrag bezahlen. Diese bezahlten Steuern kannst du dir, wenn du die Kleinunternehmerregelung beanspruchst, auch nicht vom Finanzamt zurückerstatten lassen.

Deine Buchführung wird dir ebenfalls erleichtert, da du dich nicht monatlich mit der Umsatzsteuervoranmeldung beschäftigen musst. Du sammelst lediglich deine Belege der laufenden Einnahmen und Ausgaben, machst die Einnahmeüberschussrechnung, deine private Einkommensteuererklärung und einmal jährlich die Umsatzsteuererklärung.

Allerdings solltest du gut im Auge behalten, ob du mit Beginn des neuen Jahres immer noch unter die Kleinunternehmerregelung fällst. Im ersten Jahr, dem Gründungsjahr, giltst du als Kleinunternehmer, wenn dein Brutto-Umsatz (also mit theoretisch eingerechneter Umsatzsteuer) unter 22.000 Euro beträgt. Dies musst du im Vorfeld schätzen und dem Finanzamt vorlegen.[8]

Ab dem 2. Jahr sollte der geschätzte Umsatz nicht höher als 50.000 Euro betragen. Auch darfst du nur dann die Regelung beanspruchen, wenn der Vorjahresumsatz die Grenze von 22.000 Euro brutto nicht überschreitet.

Wende dich im Zweifelsfall an deinen Steuerberater oder an die Fachmänner des zuständigen Finanzamtes.

Bedenke, dass du vermutlich nicht immer ein Kleinunternehmer bleiben wirst, wenn dein Ziel ein lukrativer Nebenverdienst oder vielleicht sogar die Vollzeitselbstständigkeit ist. In diesem Fall ist es natürlich möglich, die Kleinunternehmerregelung gar nicht in Anspruch zu nehmen. Dies könnte dich auch davor bewahren, dass du Preisänderungen vornehmen musst, um deinen Gewinn auszugleichen, wenn du dann doch irgendwann Umsatzsteuer zahlen musst.

---

[8] https://www.kleinunternehmer.de/index.htm#erleichterungen_fuer_kleinunternehmer

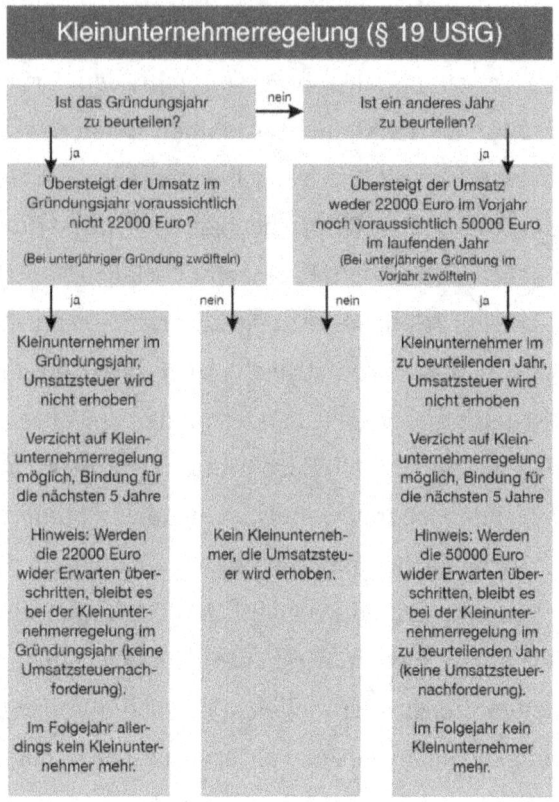

STEUERBERATER – JA ODER NEIN?

Ich kann dir nur ans Herz legen, das Thema Steuern von Beginn an ernst zu nehmen. Auch als Voll- oder Teilzeitselbstständiger mit einem Online-Business musst du Steuern zahlen, da du ja ein Gewerbe angemeldet hast.

Mit der Anmeldung wird übrigens automatisch eine Meldung ans Finanzamt gemacht. Diese teilen dir eine Steuer-ID zu, die später auch auf all deinen Rechnungen draufstehen muss.

Um den Überblick nicht zu verlieren, ist es übrigens ratsam, ein eigenes Konto für den Geldfluss deines Online-Business zu haben. Auch solltest du unbedingt bedenken, dass du die Steuern monatlich selbst ans Finanzamt abführen musst – behalte also genügend Rücklagen! Auch hier gilt die Kleinunternehmerregelung als Ausnahme. Fällst du unter die oben erklärte Kleinunternehmerregelung, gilt für dich die vereinfachte Buchführung. Jedoch solltest du trotzdem Rücklagen bilden, da dich diese finanziell absichern.

Dies ist sicherlich anfangs neu für dich, da du in einer Arbeitnehmer-Tätigkeit diese Abgaben nicht selbst durchführst, sondern dein Arbeitgeber diese bereits ans Finanzamt abführt.

Anfallende Steuern
- Einkommenssteuer: Dein Gewinn aus Hauptberuf und Nebenberuf wird durch die Einkommenssteuer geschmälert, da du einen Teil davon ans Finanzamt abführen musst. Der Satz kann durchaus bis zu 40 % betragen.
- Umsatzsteuer: Auch diese führst du monatlich ans Finanzamt ab – außer du fällst unter die Kleinunternehmerregelung, die weiter oben bereits erklärt wurde.

- Gewerbesteuer: Eine Gewerbesteuer wird für dich erst fällig, wenn du einen jährlichen Gewinn von über 24.500 Euro erwirtschaftest. Ist dies der Fall, solltest du natürlich bereits einen guten Steuerberater haben, der sich um alles Wichtige kümmern kann.

Ab wann lohnt sich der Steuerberater?
Für das Thema Steuern gilt eigentlich derselbe Grundsatz wie für alle Fähigkeiten, die du in deinem eigenen Online-Business brauchen wirst: Du kannst sie outsourcen und einen Fachmann dafür bezahlen oder du kannst dich selbst in die Thematik einlesen und deine eigene Zeit investieren. Sei dir jedoch bewusst, dass du dich gerade in der Steuerthematik sehr schnell auf sehr dünnes Eis begibst und dich dem Vorwurf der Steuerhinterziehung aussetzt, wenn du auch nur eine Kleinigkeit vergisst.

Deshalb sollte es für dich einer der höchsten Grundsätze sein, eine ordentliche Buchführung und Versteuerung anzustreben. Hierfür kannst du dir Hilfe bei einem Steuerberater suchen, der sich in deinem Arbeitsbereich gut auskennt oder du lässt dich von Steuerhilfevereinen beraten. Diese können dir meist auch wunderbar bei der Steuererklärung unter die Arme greifen.

Willst du deine Steuererklärung allerdings selbst und in Eigenregie erledigen, kann ich dir das Portal Smartsteuer ans Herz legen. Gelauncht wurde

Smartsteuer 2010 und es hat sich seither stetig weiterentwickelt. Gerade für Anfänger im Bereich des Online-Business und der Steuererklärung ist Smartsteuer perfekt geeignet, da es unkompliziert, einfach und mit einem fantastischen telefonisch erreichbaren Support ausgestattet ist sowie die Erstellung deiner Steuererklärung für dich persönlich möglich macht.

Du musst dafür nicht einmal ein neues Programm auf deinem Computer installieren, sondern kannst online unter dem Link https://www.ilyaru.com/smartsteuer direkt loslegen. Das Erstellen deiner Steuererklärung ist für dich vollkommen kostenlos. Eine Gebühr fällt erst dann an, wenn die Daten (übrigens via Elster-Schnittstelle) ans Finanzamt übermittelt werden. Während der Erstellung wird dir in Echtzeit angezeigt, mit welcher Steuerrückzahlung du rechnen kannst.

VERSTÄNDNISFRAGEN:

1. Was ist der Unterschied zwischen einem Selbstständigen und einem Freiberufler?
2. Was musst du bei der Gewerbeanmeldung unbedingt beachten?
3. Was beschreibt §19 UstG?
4. Welche Steuern fallen für dich als Selbstständiger an?
5. Wann ändert sich dein Versicherungsstatus?

Notizen:

Kapitel 8:
Die nackte Wahrheit über „Schnell-Reich-Werden-Methoden" im Internet

Schnell – quasi „über Nacht" – reich zu werden, das ist vermutlich der Traum vieler Menschen. Vermutlich würdest du dazu auch nicht Nein sagen, denn selbst, wenn man von sich die Meinung hat, auch ohne viel Geld glücklich leben zu können, wäre es doch schön, sich nie wieder Gedanken über finanzielle Sorgen machen zu müssen.

Leider sind genau die Methoden, die damit werben, zumeist unseriös und oftmals nur pure Geldabzocke. Grundsätzlich möchte ich alle Angebote im Netz, die damit werben, dass du ohne viel Arbeit und in kürzester Zeit so viel Geld verdienen kannst, um dir ein Luxusleben leisten zu können, strikt ablehnen.

Natürlich gibt es auch Kurse, die dir solides Wissen vermitteln und unter der Flut an Büchern sind sicherlich viele sehr gute Exemplare zu finden, doch es gibt auch viele schwarze Schafe. Dies sind zumeist die Angebote, die am intensivsten dafür werben.

Natürlich sind nicht alle Angebote prinzipiell Abzocke, wenn dafür geworben wird, schließlich ist die Werbung – das Marketing – die einzige Möglichkeit, überhaupt bekannt zu werden, und das „online" wie auch „offline".

Mach dir jedoch immer wieder klar: Geld zu verdienen, ist mit Arbeit verbunden. Ob du dazu als Angestellter in einer Firma arbeitest oder als Selbstständiger für deinen Lebensunterhalt sorgst – du wirst dies nicht bewerkstelligen, wenn du den ganzen Tag in der Hängematte sitzt und die Füße hochlegst.

Um aufzusteigen oder wirklich erfolgreich zu werden, brauchst du vor allem zwei Dinge: Ausdauer und Disziplin.

Wissen und Fähigkeiten kannst du dir aneignen und

auch alles andere ist erlernbar. Doch deine innere Einstellung, dein Mindset, das ist es, was über Erfolg und Misserfolg entscheiden kann. Dabei ist die Methode letztendlich vollkommen egal – ob online im Internet oder offline im „wahren Leben".

Gerade viele jüngere Menschen möchten den Versprechungen, schnell und ohne viel Arbeit reich zu werden, gerne glauben, weil dies bedeutet, dass sie ihre Freizeit nicht opfern müssen, um arbeiten zu gehen. Man liest ja auch immer wieder von Start-Ups, die so erfolgreich wurden, dass sie für Millionenbeträge verkauft wurden – das willst du auch?

Sei dir bewusst: Von den anderen Start-Ups, die nicht so erfolgreich wurden, hast du einfach nichts mitbekommen. Diese schaffen es meist nicht in die Medien. Jeden Tag werden Firmen gegründet, Internet Business-Ideen in die Tat umgesetzt – und genauso viele werden wieder geschlossen.

Lass dich durch diese ehrlichen Worte nicht demotivieren, doch glaube auch nicht leichtfertig an ein Versprechen, das zu schön ist, um wahr zu sein. Hinterfrage solche Angebote kritisch und behalte im Hinterkopf, dass alles, was dir ohne eine Arbeitsleistung versprochen wird, nicht funktionieren kann – vor allem dann, wenn du dazu aufgefordert wirst, auch noch lächerlich viel Geld für einen Kurs oder für anderweitige Informationen auszugeben.

Um dir das Filtern von seriösen und unseriösen Angeboten etwas zu erleichtern, habe ich dir hier einige Tipps aufgelistet.

- Versprechen, die zu gut sind, um wahr zu sein.
- Garantien: „so wirst du garantiert reich"
- Reich, ohne zu arbeiten
- „über Nacht" / „sofort" / schnell reich werden
- Beschränkung der Teilnehmerzahl eines Kurses oder begrenzte Sonderangebote: diese sollen dich animieren, einzukaufen, ohne groß darüber nachzudenken, da du sonst das Angebot verpassen könntest
- Extrem hohe Kosten für Kurse / eBooks etc.
- Vertragsbindung; wenn du etwas im Voraus bezahlen sollst oder gleich einen Vertrag über eine längere Laufzeit abschließen sollst, bleibe extrem skeptisch
- Extreme Rabatte von bis zu 90 % Preisnachlass
- Fehlendes Impressum oder Internetseiten, auf denen du nicht nachvollziehen kannst, wer dahinter steht

VERSTÄNDNISFRAGEN:

1. Inwieweit sind Schnell-Reich-Werden-Angebote als seriös zu bezeichnen?
2. Welche Gruppe ist gefährdet, solchen Angeboten Glauben zu schenken?
3. Warum solltest du generell skeptisch bleiben?
4. Gibt es zu verallgemeinernde Warnzeichen?
5. Warum kennst du nur erfolgreiche Start-Ups?

Notizen:

Kapitel 9: Top 10 Mythen über Online-Business in Deutschland, denen du immer noch glaubst

Wenn du dieses Buch in den Händen hältst, hast du dich sicherlich schon mit der Thematik des Online-Geldverdienens beschäftigt. Du bist sicherlich, so wie ich früher, über viele verschiedene Websites gestolpert, die dir alle das Blaue vom Himmel versprechen, wenn du nur ihrer Methode folgst, die ja als so einfach angepriesen wird. Da werden dir Schritt-für-Schritt-Anleitungen versprochen – ein Leitfaden für wenig Geld und garantiert mit Erfolg!

Leider entpuppt sich das meiste davon als vollkommener Blödsinn. Oftmals steckt hinter dieser Effekthascherei nur ein semi-gutes Konzept, das für viel Geld online verkauft wird. Das hilft dir persönlich leider nur ziemlich wenig beim Geldverdienen – dem Vertreiber allerdings beschert es volle Taschen.

Deshalb will ich in diesem Kapitel einmal mit einigen der größten Mythen aufräumen, die so über das Online-Geldverdienen im Netz kursieren.

Top 10 Mythen

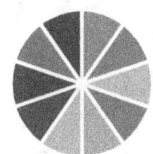

- keine Arbeit
- Sofort Reich werden
- Expertise
- Richtige Idee
- Idee ausgereizt

- Zurücklehnen & Abwarten
- Startkapital
- Vollzeitselbstständig
- Was alle machen
- Patent

IST KEINE ARBEIT

Dies ist ein Vorurteil, mit dem sich Unternehmer immer wieder herumschlagen müssen, wenn sie ein Online-Business haben. „Das ist doch keine richtige Arbeit", bekommst du vielleicht auch öfters zu hören, oder, „Such dir erst mal einen richtigen Job, wo du hart arbeiten musst".

Dabei ist gerade das Online-Geschäft durch seine Schnelllebigkeit und die Millionen alternativer Internetseiten, die ein User anklicken kann, ein harter Konkurrenzkampf. Hier geht nichts „von selbst", stattdessen steckt hinter jeder gut funktionierenden Website, hinter jedem erfolgreichen YouTube- oder Instagram-Kanal und hinter jedem Blog mit hohen Besucherzahlen ein hart arbeitender Mensch, der dies oftmals noch neben dem „normalen" Berufsleben irgendwie in seiner Freizeit unterbringt.

WENN'S ERST MAL LÄUFT, DANN MUSS ICH NICHTS MEHR DAFÜR TUN.

Auch das ist – leider – ein sehr großer Irrtum. Wie schon weiter oben erklärt, bedeutet „passives Einkommen" nicht, dass du dich zurücklehnen kannst und einfach wartest, bis das Geld eintrudelt. Auch für ein Online-

Business, das momentan von selbst zu laufen scheint, musst du Arbeit investieren. Die Website muss regelmäßig aktualisiert werden und neuer Content muss produziert werden, damit es den Besuchern nicht langweilig wird. Du musst Präsenz zeigen, damit deine Seite nicht in Vergessenheit gerät und bei den Suchergebnissen immer weiter nach unten rutscht.

Nur wer ständig gesehen wird, bleibt in den Köpfen. Und nur derjenige, an den man sich erinnert, bei dem kann man auch einkaufen.

REICH WERDEN – UND ZWAR SOFORT

Um schnell und einfach reich zu werden, solltest du Lotto spielen oder bereits reich geboren worden sein.

Zu diesem Thema bleibt dem vorherigen Kapitel nichts mehr hinzuzufügen.

STARTKAPITAL IST ZWINGEND ERFORDERLICH

Oftmals wird dies immer noch angegeben, doch wie du bereits in diesem Buch gelernt hast, kannst du auch vollkommen ohne Kapitalinvestition gründen. Natürlich sei hier noch einmal gesagt: Geld kann den Prozess durchaus beschleunigen.

Allerdings konnte ich oft beobachten, dass Gründer, die ohne Kapitalinvestition starten, mit ihrem Geld besser haushalten, sorgsamer damit umgehen und dadurch schneller Erfolge verzeichnen konnten als diejenigen, die es ohne Sinn und Verstand in die falschen Ecken ihres Online-Business gesteckt haben.

Überlege dir also – auch wenn du der Meinung bist, dass du das nötige Kapital zur Verfügung hast – genau, wofür du in deinem Unternehmen gerade im Moment Geld ausgeben musst. Investiere hier nicht wahllos, sondern ganz gezielt in einzelne Bereiche.

Und denke auch immer daran: Wenn du kein Geld investierst, investierst du deine eigene Zeit, um die Dinge selbst zu erledigen.

DU MUSST EXPERTE AUF DEM GEBIET SEIN

Hier kommt es ganz auf deine gewählte Zielgruppe an. Um einen Blog oder eine Nischenseite zu starten, musst du nicht alles zu dem Thema wissen. Du musst dich nicht mit allen Fachbüchern, Artikeln und Videos eingedeckt haben, die es zu deinem ausgewählten Thema zu wissen gibt, du solltest nur mehr Wissen haben als deine Zielgruppe.

Immerhin bietest du ihnen Content und dieser Content sollte nicht darauf ausgelegt sein, nur eine kurzweilige Belustigung zu sein, sondern echten Mehrwert bieten. Wenn du also kein ausgewiesener Experte bist, gib dich nicht als solcher aus, sondern bleibe immer authentisch und ehrlich.

Dies macht dich glaubwürdig und sympathisch und deine Kundschaft oder die Besucher deiner Website können sich eher mit dir identifizieren und dein Produkt oder deinen Auftritt mögen.

Außerdem steht ja nirgends geschrieben, dass du deinen kompletten Content auch selbst produzieren musst. Du kannst dir stattdessen die Expertise auch einkaufen und die Erstellung deines Contents outsourcen. Denke immer daran, dass du als Chef deines eigenen Online-Business nahezu alle Aufgaben auch extern vergeben kannst, dass dir dafür aber gewisse Kosten anfallen.

DU MUSST SOFORT VOLLZEIT-SELBSTSTÄNDIGER SEIN

Das ist ziemlicher Blödsinn. Nichts spricht dagegen, dass du deiner Arbeit als Angestellter weiter nachgehst und in deiner Freizeit dein Online-Business aufbaust.

Im Gegenteil, diese Vorgehensweise würde ich dir sehr ans Herz legen, da du ja schon gelernt hast, dass die Gründung und der Erfolg eines Online-Business nicht von heute auf morgen vonstattengehen kann. Und es bleibt auch immer ein letztes Risiko, dass deine

Geschäftsidee einfach nicht zündet und du diese als Fehlschlag verbuchen musst, um mit einer neuen Idee durchzustarten.

Dieser Druck kann schnell in existenzielle Ängste umschlagen, wenn du dich sofort mit deiner Idee vollzeitselbstständig machst. Außerdem weißt du ja nicht, ob die Selbstständigkeit tatsächlich der richtige Weg für dich ist und du daran Gefallen findest.

Deshalb ist es, gerade zu Anfang, aber auch, wenn dein Business schon lukrativ am Laufen ist, durchaus legitim, es als Nebenberuf auszuüben und weiterhin einer geregelten Angestelltentätigkeit nachzugehen.

Bedenke dabei immer, dass die Zeit, die du zur Pflege deines Online-Business benötigst, von deiner Freizeit abgeht und nach deiner Arbeitszeit als Angestellter abgeleistet werden muss.

Sei dir auch immer bewusst, dass der Entschluss zur Selbstständigkeit nicht von Dauer sein muss. Du kannst jederzeit wieder eine Angestelltentätigkeit annehmen. Es mag stimmen, dass sich nach einer langjährigen Selbstständigkeit die Jobsuche nicht ganz so einfach gestaltet, dennoch gibt es durchaus Arbeitgeber, die die Erfahrungen und Erkenntnisse sowie die Eigeninitiative honorieren, die du dir während deiner Selbstständigkeit erarbeitet hast.

ICH WARTE NUR AUF DIE RICHTIGE IDEE

Was zuerst klingt, wie eine billige Ausrede, hat hier im Kapitel über Mythen durchaus seine Berechtigung. Viele denken, es lohnt sich nicht, ein Online-Business zu starten, ohne die perfekte Idee zu haben – eine Idee, die noch niemand zuvor hatte.

Manchmal mag das stimmen, doch du und ich, wir leben in einer Zeit, in der viele Ideen schon geträumt wurden. Außerdem – wenn du dann die perfekte Idee hast, weißt du, wie du sie umsetzen kannst?

Deshalb nimm Abstand davon, dir selbst einzureden, du müsstest nur auf deine zündende Idee warten – die hast du vielleicht nie. Probiere dich stattdessen an ein paar anderen Projekten und lerne, diese in die Praxis umzusetzen, und siehe es als Training dafür, deine perfekte Idee letztendlich umzusetzen, wenn du sie doch noch ausgebrütet hast.

MACHEN, WAS ALLE MACHEN

„Der einfachste Weg, gegen die Konkurrenz zu bestehen, ist ihr möglichst aus dem Weg zu gehen".

Dieser Satz besagt ganz deutlich, was hinter dieser Strategie steckt. Wenn du also ein Unternehmen gründen willst, welches sich in einen Bereich einordnet, in dem es schon viele bestehende Unternehmen gibt, wirst du dich möglicherweise in der Situation wiederfinden, mit viel Konkurrenz wetteifern zu müssen.

Der Gedanke: Wenn es so viele Unternehmen in dieser Branche gibt, muss das doch auch für mich lukrativ sein, mag verlocken, muss aber nicht richtig sein. Besser ist es, wenn du deine eigene Nische findest, mit der du dich von der Konkurrenz abhebst. So hast du deutlich mehr potenzielle Kunden, mit denen du rechnen kannst.

DIE IDEE IST SCHON AUSGEREIZT

Nur, weil jemand die Idee vor dir hatte, musst du deine Geschäftsidee nicht in die virtuelle Tonne treten. Denk lieber etwas genauer darüber nach, ob du dein Modell etwas abändern kannst, um damit eine Nische oder eine ganz bestimmte Zielgruppe abzudecken.

Das beste Beispiel hierfür ist der Vergleich von YouTube und Twitch. Es würde wenig Sinn machen für Twitch, ein zweites YouTube werden zu wollen, wo jeder seine Videos, egal aus welcher Sparte, hochladen und der breiten Masse präsentieren kann. Nahezu jeder nutzt hierfür YouTube und keinen anderen, unbekannteren Dienst.

Twitch hat sich deshalb auf die Streamer konzentriert und eine Plattform geschaffen, auf der Livestreams ausgestrahlt werden können. Generell würde man also sagen: Twitch hat die Idee einfach etwas weiterentwickelt.

Wenn du also unbedingt etwas umsetzen möchtest, dass es so oder so ähnlich bereits gibt, überlege dir, wie du trotzdem ein Alleinstellungsmerkmal bilden kannst.

SOFORT EIN PATENT ANMELDEN, SONST...

Schweige deine Idee nicht tot. Je mehr du darüber redest, desto mehr wertvolles Feedback kannst du dir dazu abholen, zunächst natürlich im engsten Freundeskreis. Habe keine Angst, deine Idee mit anderen zu teilen, denn nur so kann sie reifen und sich weiterentwickeln.

Du kannst durch die Kommunikation mit deiner zukünftigen Zielgruppe wertvolle Hinweise erhalten, was du verbessern kannst – und auch, ob deine Idee überhaupt von der breiten Masse angenommen werden würde.

Die Angst vorm Ideenklau ist nach wie vor groß und es ist sicherlich richtig, damit nicht sofort an Tag 0 auf Facebook an die breite Öffentlichkeit zu gehen, doch ein gewisses Maß an Kommunikation kann dir in jedem Schritt – von der Ideenfindung bis zur finalen Umsetzung – eine große Hilfe sein.

VERSTÄNDNISFRAGEN:

1. Warum kursieren so viele Mythen über das Gründen im Internet?
2. Welcher Mythos fehlt und wie kannst du diesen entkräften?
3. Was ist so verlockend an den einfachen Versprechungen?
4. Welche Rolle spielt die Ideenfindung?
5. Wie erkennst du, ob Informationen wahr oder falsch sind?

Notizen:

Kapitel 10: Das Problemlöser-Prinzip

Warum kaufen Menschen Dinge? Meist werden Produkte und Dienstleistungen in Anspruch genommen, also gekauft, um ein Bedürfnis zu befriedigen. Dies kann beispielsweise die Inanspruchnahme eines Mechanikers sein, wenn das Auto kaputt ist, aber auch das Kaufen eines Buches oder einer DVD, um das emotionale Bedürfnis nach Unterhaltung zu befriedigen.

Um den Menschen ein Produkt oder eine Dienstleistung zu verkaufen, musst du also zuerst den Bedarf dafür schaffen beziehungsweise herausstellen, was du mit deiner Dienstleistung für den Kunden tun oder verbessern kannst.

Dabei solltest du dich auf ein Produkt oder eine Dienstleistung, oder aber auf die Lösung eines ganz spezifischen Problems spezialisieren, mit dem du bereits Erfahrung gemacht hast. Überlege dir einen möglichst einfachen Lösungsweg, den du an den Kunden bringen kannst, um Geld zu verdienen.

Damit etablierst du dich in einem Bereich, der verhältnismäßig unabhängig vom restlichen Konsumverhalten ist, da du kein Produkt verkaufst, das als Luxusgut gilt. Durch das Anbieten einer Dienstleistung, mit der du ein alltägliches oder aber ganz spezielle Probleme löst, machst du dich auf gewisse Weise unabdingbar. Die Menschen brauchen keine Konsumgüter, davon gibt es genug, sie brauchen stattdessen Lösungen für ihre Probleme.

Diese kannst du online in Form eines Kurses, eines Webinars, als Video, als eBook, als digitale Dienstleistung oder auch vor Ort offline anbieten.

Um zum Problemlöser zu werden, brauchst du einige spezielle Fähigkeiten.[9] Zuerst musst du das Problem erkennen können. Analysiere hierfür deine Umgebung, am besten ist es, wenn du ein Problem definierst, mit

---

[9] https://karrierebibel.de/problemloeser/

dem du vielleicht schon öfters konfrontiert worden bist. Prüfe als Nächstes deine Optionen und eventuelle Alternativen, wende dann Lösungen an und analysiere die Effekte und Konsequenzen. Dies ist auch bekannt als das IDEAL-Modell des Psychologen John Bransford:

I → Identify (erkenne das Problem)
D → Define (definiere das Problem)
E → Explore (analysiere mögliche Lösungen)
A → Apply (wende die Lösungen an)
L → Look and Learn (lerne aus den Effekten deiner Lösungen)

KEEP IT SIMPLE

Um zum Problemlöser zu werden, solltest du in der Lage sein, komplexe Zusammenhänge möglichst einfach darzulegen. Natürlich musst du in gewisser Weise kreativ sein und Out-of-the-Box-Denken beweisen. Jedoch hilfst du niemandem damit, wenn du ein komplexes Problem auf möglichst verworrene Weise löst – im Gegenteil: Dir sollte es gelingen, Probleme möglichst einfach zu formulieren und diese dann klar strukturiert in wenigen Schritten zu lösen – ganz nach dem Prinzip „weniger ist mehr".

BEHARRLICHKEIT

Wenn du engagiert wirst, um ein Problem zu lösen, dann sind dies meist keine kleinen Problemchen, sondern ausgewachsene Probleme, deren Lösungen nicht auf den ersten Blick ersichtlich sind – sonst wäre deine Arbeit nicht nötig.

Sei dir bewusst, dass der erste Ansatz zur Lösung eines Problems nicht immer sofort funktioniert. Hier hilft nur Disziplin und Beharrlichkeit. Dabei kannst du nach der WEGE-Methode vorgehen: Zuerst einmal musst du das Problem wirklich lösen *wollen*. Halte dabei die Lösungswege möglichst *einfach*, verschreibe dich dem Problem *ganz und gar* und gehe dabei Schritt für Schritt, also *eins* nach dem anderen, vor.

Wenn du in einer Sackgasse steckst, besinne dich auf deine Stärken. Dies kann deinem Selbstbewusstsein den nötigen Kick geben, um das Problem zu lösen.

ANALYTIK

Um das Problem zuerst einmal zu benennen, es exakt zu definieren und dir erste Gedanken über mögliche Lösungswege zu machen, brauchst du gut ausgebildete analytische Fähigkeiten. Diese kannst du erlernen, es sollte dir jedoch vor allem Spaß machen, dich theoretisch mit etwas auseinanderzusetzen und mehrere

Problemlösungen zu entwerfen, die du dann in der Praxis ausprobieren kannst. Dabei hilft es dir, wenn du das Problem in kleine Happen zerlegen kannst, um die besonderen Knackpunkte zu identifizieren und zu beheben.

BLEIB FLEXIBEL

Die meisten Probleme sind nicht in eine Schublade einzuordnen. Sie sind individuell und von Situation zu Situation unterschiedlich. Dies bedeutet auch, dass du für zwei Probleme, die sich auf den ersten Blick gleichen mögen, dennoch zwei vollkommen unterschiedliche Lösungen brauchst, da es immer auch auf die Person und das Umfeld ankommt, in dem das Problem aufgetaucht ist.

Versuche also, auch einmal um die Ecke zu denken oder das Problem von einer ganz anderen Seite zu betrachten. Beharre nicht auf einem Lösungsweg und sage nicht, „aber das muss so funktionieren!", sondern sei offen dafür, Neues zu lernen und dich weiterzuentwickeln. Sei ein Querdenker!

So wirst du auf lange Sicht die unterschiedlichsten Probleme lösen können.

VERSTÄNDNISFRAGEN:

1. Erkläre das IDEAL-Prinzip mit deinen eigenen Worten.
2. Welcher Unterschied besteht zwischen physischen Produkten und dem Angebot der Problemlösung?
3. Wie nachhaltig ist ein Beruf als Problemlöser?
4. Welche Fähigkeiten zeichnen Problemlöser aus?
5. Was ist dein wertvollstes Kapital als Problemlöser?

Notizen:

Kapitel 11: Diese 8 Fehler musst du vermeiden, wenn du mit deinem Online-Business erfolgreich sein willst

In diesem Kapitel stelle ich dir einige der wichtigsten Fehler vor, warum du mit deinem Online-Business bisher noch nicht richtig durchstarten konntest.

ACHTE AUF DEINE IDEEN

Am Anfang steht immer die Idee. Wenn du keine konkrete Idee hast, solltest du dich erst einmal mit der Recherche befassen.

Andersherum kann es aber auch hinderlich sein, wenn du zu viele Ideen gleichzeitig umzusetzen versuchst. Du kämpfst sozusagen an mehreren Fronten und verzettelst dich leicht. Konzentriere dich zu Anfang auf *eine* Idee und setze diese um. Lerne dabei aus dem Feedback. Das bedeutet nicht, dass du deine anderen Ideen aufgeben musst. Sobald dein erstes Projekt einigermaßen selbstständig läuft, kannst du dich deiner zweiten Idee widmen.

WARTE NICHT ZU LANGE

Es ist nicht immer einfach, diesen Ratschlag in die Tat umzusetzen. Generell gilt, dass eine Idee mit der Umsetzung wächst und reifen kann. Dennoch ist es ratsam, sich erst einmal eine Zeit lang Gedanken über die Idee zu machen und einen gewissen Fahrplan im Kopf zu entwerfen. Hüte dich davor, alles im Vorfeld minutiös durchzuplanen – starte lieber mit der Umsetzung. Dabei fallen dir dann Fehler in deinem Plan viel eher auf und du kannst einige Dinge nochmals verbessern oder verändern.
Achte jedoch darauf, dass du nicht überstürzt handelst

und deine Idee online stellst, obwohl das Produkt noch nicht marktfähig ist. Bedenke dabei immer: Kleinere Fehler sind vollkommen in Ordnung und können durch das erste Feedback ausgemerzt werden. Wenn dein Produkt aber nicht funktioniert, dann verlieren die Besucher schnell das Interesse.

Hier musst du ein gutes Gespür dafür entwickeln, wann der richtige Zeitpunkt für einen ersten Online-Test ist. Wenn du zu spät einen ersten Testlauf planst, läufst du Gefahr, viel Zeit, Geld und Engagement in deine Idee zu investieren und dann zu bemerken, dass es bei deiner Zielgruppe nicht gut ankommt.

Deshalb sei dir bewusst, dass ein zu voreiliges Testen genauso schädlich ist, wie ein zu langes Warten und die Verschwendung zu vieler Ressourcen für eine Idee, die nicht viral geht.

WER IST DEINE ZIELGRUPPE

Orientiere dich dabei an der Masse und nicht am Einzelnen. Natürlich musst du hinter deinem Produkt stehen und an dieses glauben, sonst wirkst du schnell unauthentisch und unkompetent. Dennoch ist es nicht dein Ziel, dir selbst etwas zu verkaufen, sondern der breiten Masse. Deshalb mache dich nicht selbst zur Zielgruppe.

Andererseits solltest du davon Abstand nehmen, „alle" als deine Zielgruppe zu definieren. Du kannst kein

Produkt und keine Dienstleistung schaffen, mit der du alle Menschen gleichzeitig zufriedenstellst. Ein Beispiel ist, dass Fußballtore vermutlich sehr selten von Golfplätzen gekauft werden und noch weniger von Schwimmbädern. Versuche also nicht, es allen Sportstätten recht zu machen und ein Fußballtor zu entwickeln, dass auch schwimmen kann. Konzentriere dich stattdessen darauf, was das Fußballtor für Fußballspieler attraktiv macht.

Starte mit dem Finden deiner Zielgruppe immer bei dir selbst beziehungsweise bei deinem Produkt:

- Was kann dein Produkt?
- Wofür stehst du mit deinem Online-Business?
- Wobei hast du bereits viel Erfahrung?
- Was kannst du besser als andere?
- Welchen Nutzen lieferst du deinen Kunden?
- Inwiefern profitieren deine Kunden direkt von deinem Produkt?

Erstelle dir, beispielsweise mithilfe des Arbeitsblattes „Dein Wunschkundenprofil" von Sandra Holze, deinen Wunschkunden. Zu finden ist das Arbeitsblatt unter https://sandraholze.com/zielgruppe-definieren-wunschkunden-profil-arbeitsblatt/.

Erst jetzt folgen demografische, sozioökonomische und psychografische Merkmale, nach denen du deine Zielgruppe festlegen kannst.

Demografische & sozio-ökonomische Merkmale	Psychografische Merkmale
Geschlecht	Interessen
Alter	Einstellungen
Wohnort / Region	Präferenzen
Bildung	Herausforderungen
Beruf	Bedürfnisse
Position	Kaufverhalten
Familienstand	Preisorientierung

Ein Grund, warum du deine Zielgruppe so genau wie möglich kennen solltest, ist, dass du dein Produkt oder deine Dienstleistung nur gewinnbringend anbieten kannst, wenn du weißt, was deine potenziellen Kunden in ihren Kaufentscheidungen beeinflusst. Dazu musst du vor allem Daten sammeln – und das nahezu ständig, vor einer Veröffentlichung, aber vor allem auch während der Zeit, in der dein Produkt schon auf dem Markt ist.
- Starte Kundenumfragen über Newsletter oder Umfragetools wie SurveyMonkey.
- Frage im persönlichen Kundengespräch genau nach

und höre deinen Kunden aufmerksam zu.

- Tausche dich mit Kollegen deiner Branche aus, beispielsweise auf Messen oder Konferenzen.

- Beachte und analysiere die Kommentare auf deinem Blog, deiner Internetseite und deinen Social-Media-Kanälen.

- Nutze Google Analytics, um demografische Daten zu sammeln, oder analysiere Daten aus öffentlich zugänglichen Untersuchungen, die deine Branche betreffen.[10]

PERFEKTIONISMUS IST GEFÄHRLICH

Ein unendlicher Zeitfresser ist der Wunsch, alles perfekt zu machen. Erstens ist dies wahrlich zeitaufwendig und es besteht die Gefahr, dass du dich schnell verrennst und bei kleinsten Details hängen bleibst. Darüber hinaus vergisst du vielleicht andere wichtigere Dinge, wie die generelle Pflege deines Online-Auftritts.

Andererseits ist es gar nicht möglich, es jedem deiner Kunden zu 100 % recht zu machen. Jeder ist individuell und hat andere Vorstellungen von dem, was du noch besser machen könntest oder was besonders gut gelungen ist.

Dies ist andererseits keine Entschuldigung dafür,

---

[10] https://www.zielbar.de/magazin/zielgruppe-definieren-10878/

wichtige Details zu vernachlässigen. Finde hier einen Weg, der für dich und deine Kunden angemessen und ausreichend ist. Sei dir stets bewusst, dass das Streben nach Perfektion einer ständigen Verbesserung bedarf. Und Verbesserungen sind generell nichts Schlechtes.

ZIELE SETZEN

Ziele sollten machbar, messbar und nachvollziehbar sein. Und im besten Falle sollen sie dich motivieren, dir deinen Erfolg vor Augen führen und dich zum Weitermachen animieren.

Setze dir also Ziele, damit du weißt, ob du auf dem richtigen Weg bist. Diese Ziele sollten möglichst immer aktuell definiert werden. Dabei ist es vollkommen in Ordnung und sogar empfehlenswert, dass du dir, gerade zu Anfang, kleine, gut erreichbare Ziele setzt, um die Lust und den Spaß nicht zu verlieren.

Bei der Definition von großen Zielen kann es hilfreich sein, Zwischenziele zu benennen. So kannst du bildlich sehen, dass das große Ziel immer näher rückt, mit jedem erreichten Zwischenziel.

1x1 des Zielsetzens
Um dir Ziele zu setzen, ist es wichtig, diese so zu formulieren, dass du sie auch erreichen kannst. Nichts demotiviert mehr als ein Ziel, das du vielleicht nur teilweise

erreicht hast. Teile deine Ziele in drei verschiedene Arten ein.

```
                 das
              endgültige
                 Ziel
         Unteretappen &
        die Gründe deiner
              Arbeit
      operative Unterziele, mit
     genauen Angaben bezüglich:
       was, wie viel, bis wann
```

Dein endgültiges Ziel solltest du ohne konkrete Angaben formulieren, was Zeit und Menge betrifft. Dieses Ziel könnte beispielsweise sein: einen Marathonlauf bestreiten. Wenn du dir nun das Ziel formulierst als, „In einem Jahr will ich einen Marathon laufen", kann es sein, dass du dieses Ziel bis zu dem von dir angegebenen Datum nicht erreichst. Dies muss nicht einmal an deiner Arbeitseinstellung liegen, sondern kann ganz unvorhergesehene Gründe haben, beispielsweise eine Verletzung. Verzichte deshalb bei der Formulierung deines endgültigen Ziels auf Zeitangaben. So kannst du dir den Weg bis dahin etwas flexibler einteilen und bist nicht enttäuscht, dein Ziel verfehlt zu haben, wenn die Vorbereitung für den Marathonlauf statt dem geplanten Jahr zwei oder drei Jahre dauert.

Deine Unteretappen formulierst du als Zwischenziele, die nötig sind, um dein endgültiges Ziel zu erreichen. Hierzu zählen alle Dinge, die du für die Erfüllung benötigst. Beim Marathon-Beispiel könnten deine Zwischenziele wie folgt lauten:
- 30 Minuten am Stück joggen
- 50 Minuten am Stück joggen
- 2 Stunden am Stück joggen
- Eine gewisse Anzahl (beispielsweise 3) Halbmarathon-Läufe bestreiten, um sich vorzubereiten

Diese Ziele kannst du variabel gestalten. Auch Dinge wie, „die richtige Ausrüstung besorgen", „deine Laufschuhe testen", „die Strecken begutachten" und „die richtige Vorbereitung" können mit dazuzählen.

Außerdem umfassen deine Unteretappen auch die Gründe deiner Arbeit/deines Tuns. Formuliere hier ganz klar und ehrlich, warum du dein Ziel erreichen willst. Was treibt dich an? Was erhoffst du dir von deinem Endziel? Nur, wenn du dir deine Motivation vor Augen führst und diese jedes Mal aufs Neue fühlst, wirst du die Kraft und Ausdauer besitzen, deinem Ziel Schritt für Schritt – über mehrere Jahre hinweg! – näherzukommen. Hier zählt vor allem dein Durchhaltevermögen.

Zuletzt gibt es die operativen Unterziele. Hier setzt du dir konkret erreichbare, kleine Ziele, die du auch mit Zeit- und/oder Mengenangaben betiteln kannst. Ganz klassisch wäre, „bis Mittwoch in zwei Wochen die Laufschuhe kaufen". Auch das Betiteln der Halbmarathonläufe mit Ort und Datum fallen unter die operativen Unterziele. Plane bei diesen Unterzielen immer nur 3 bis 5 Ziele konkret mit dem Fälligkeitsdatum, um dir für alle Ziele genug Zeit zu lassen.

Beginne nicht, deine Ziele vor dir her zu schieben. Passiert dir das, dann frage dich, ob du deine Ziele realistisch formuliert hast oder dir einen zu engen Zeitrahmen oder zu viele Aufgaben gleichzeitig gestellt hast.

SCHRITT FÜR SCHRITT

Dieser Punkt hängt eng mit deinen gesetzten Zielen zusammen. Sei dir bewusst, dass du nicht morgen schon tausende Euro auf deinem Konto haben wirst, wenn du heute deine Website online stellst. Ebenso kannst du nicht direkt als Leiter einer Abteilung arbeiten, wenn du gerade mit der Ausbildung fertig bist und in einer Firma angestellt wirst.

Setze dir kleine Ziele, die du mit kleinen Schritten erreichen kannst. Hierbei startest du ganz unten: mit dem Erlernen der Basics, die du brauchst, um beispielsweise deine Website zu erstellen, sie in den Google-Suchanzeigen weit oben zu ranken und diese Website dann monetarisieren zu können.

Hier sei der Hinweis also noch einmal erlaubt: Um deine

eigene Motivation hochzuhalten, setze dir erreichbare Ziele! Dies schließt die Formulierung eines scheinbar utopischen Ziels (zum Beispiel, „Ich will allein von meinem Online-Business leben können") nicht aus. Wichtig ist nur, dass du genug kleine Zwischenziele definierst, die du mit kleinen Schritten leicht erreichen kannst.

FEHLSCHLÄGE SIND DIE BESTEN LEHRMEISTER

Achte auf dein Mindset. Sei dir bewusst, dass du nicht heute mit deinem Online-Business startest und morgen schon erfolgreich sein wirst. Es ist ein Prozess des Lernens, bei dem du immer wieder scheitern wirst.

Führe dir immer wieder vor Augen, dass es nicht nur dir so geht, sondern allen Online-Gründern. Es ist noch kein Meister vom Himmel gefallen und es wird mit viel Arbeit zusammenhängen, bis dein Business Geld abwirft. Auf dem Weg dorthin wird der ein oder andere Stolperstein liegen, doch aus jedem Fehlschlag kannst du lernen.

Niemand verlangt von dir, dass du gleich alle Tricks und Kniffe kennst. Wichtig auf deinem Weg ist nur Folgendes: Mache nicht denselben Fehler immer und immer wieder, denn dann trittst du auf der Stelle und wirst nie besser werden.

BLEIBE FLEXIBEL

Sei dir bewusst, dass die beste Planung dem Praxistest nicht standhalten kann. Es gibt immer unvorhergesehene Entwicklungen, die deinem Business das Genick brechen können, wenn du dich nicht anpasst. Deshalb bleibe in deiner Planung so flexibel, dass du auch einmal etwas umwerfen, umplanen oder einen Punkt vollkommen von deiner Liste streichen kannst.

VERSTÄNDNISFRAGEN:

1. Inwiefern stimmen Mythen und Fehler im Bereich des Online-Business überein?
2. Was ist das Problem bei der Ideenfindung?
3. Erkläre, wie sich Perfektionismus auf dein Business auswirkt.
4. Warum solltest du Fehler begrüßen?
5. Wann ist der richtige Zeitpunkt für einen Praxistest?

Notizen:

Kapitel 12: Anfängerfreundliche Geschäftsmodelle im Internet

Es gibt unzählige Möglichkeiten, wie du dein Geld online im Internet verdienen kannst. Einige davon möchte ich dir hier näher vorstellen.[11] Dabei beschränke ich mich auf die Business-Modelle, die meiner Meinung nach auch für Anfänger geeignet sind. Damit kannst auch du den Einstieg ins Online-Business schaffen, hoffentlich ohne allzu viel Frust.

---

[11] https://online-geld-verdienen-im-internet.info/

Sei dir bewusst, dass du für einige der hier aufgeführten – und auch der nicht aufgeführten – Online-Business-Modelle möglicherweise eine Gewerbeanmeldung benötigst oder dich als Freiberufler melden musst. Da dies oftmals von deiner persönlichen Situation abhängt, kann dir am besten das für dich zuständige Gewerbeamt Auskunft erteilen, welche rechtlichen Schritte du beachten musst!

INFOBUSINESS & COACHING

Wenn du etwas besonders gut kannst und gerne andere Menschen unterrichtest oder dein Wissen weitervermitteln willst, sind Online-Coachings, Webinar-Aufzeichnungen und dergleichen eine gute Methode.

Der Vorteil hierbei ist, dass du Coachings – wenn du sie nicht live online durchführst, wie es bei vielen Webinaren der Fall ist – in der Regel nur einmal erstellst und dann dein fertiges Produkt, bestehend aus Videos, Infotexten, Bildern und allem, was du hineinpacken willst, mehrfach weiterverkaufen kannst, ohne jedes Mal präsent sein zu müssen. Das heißt im Klartext, dass dein Teilnehmer sich die Videos dann anschaut, wenn es ihm passt. Je nach Angebot bist du dennoch für Rückfragen und Support erreichbar, beispielsweise über E-Mail.

Das Schöne an dieser Geschäftsidee ist, dass du in der Wahl des Themas vollkommen frei bist. Du kannst Kurse erstellen, die Privatpersonen ansprechen, oder auch Coachings für Firmen. Von Lifestyle über Marketingkurse bis hin zu Yoga-, Koch- oder Kräuterkursen ist nahezu alles möglich. Auch aufeinander aufbauende Kurse kannst du anbieten, um begeisterten Kunden einen Nachfolgekurs zu bieten, der dir dann wieder Gewinn einbringt.

Du musst nicht unbedingt eine Ausbildung in dem Bereich haben, in dem du deinen Kurs anbietest, du solltest aber natürlich gut bis sehr gut über die Thematik Bescheid wissen, um deinen Kunden auch einen fassbaren Mehrwert zu bieten. Nur so kannst du zufriedene Kursteilnehmer generieren, die einen Folgekurs buchen oder dich und deine Online-Coachings sogar Freunden und Bekannten weiterempfehlen.

Anbieten kannst du deine Coachings entweder über bestehende Social Media Seiten, deine eigene Internetseite oder auch auf speziell darauf abgestimmten Plattformen wie Udemy. Bei diesen Plattformen solltest du aber bedenken, dass diese einen Anteil der Kursgebühr einbehalten, quasi als Vermittlungsgebühr. Ob es sich für dich also lohnt, über Udemy anzubieten, kommt darauf an, wie präsent du im Internet bereits bist und ob du durch Eigenwerbung viele Teilnehmer generieren kannst.

Wenn dies nicht der Fall ist, kannst du beispielsweise einen Kurs bei Udemy anbieten und dort dann auf deine eigene Website hinweisen, über die alle Folgekurse gebucht werden könnten.

AMAZON-SELF-PUBLISHING-BUSI-NESS

In Kombination mit oder vollkommen unabhängig von einem Online-Coaching kannst du auch ein eBook veröffentlichen. Dieses kannst du ebenfalls zu jedem x-beliebigen Thema schreiben. Selbst die Belletristik bietet sich hier an. Du wolltest schon immer einen Krimi schreiben oder eine Liebesgeschichte? Oder möchtest du ein Sachbuch verfassen, mit dem du anderen Menschen dein Wissen vermitteln kannst? Dann ist Amazon als Einstieg gut geeignet.

Es ist für dich vollkommen kostenfrei, auf Amazon ein eBook zu veröffentlichen. Das Coverdesign kann dich allerdings – sofern du es nicht selbst machen möchtest – einige Euros kosten. Auch bist du, vor allem als Neuling, oftmals gezwungen, deine Bücher sehr billig anzubieten. Hier gilt also: Wenn du nicht die zündende Idee für einen zweiten Harry Potter hast, solltest du anfangs nicht zu viel von deinem eBook-Business erwarten.

Allerdings kannst du beliebig viele eBooks erstellen und zum Verkauf anbieten. So kann dein Business wachsen und mit jedem Buch kannst du dein Wissen etwas teurer an den Mann bringen. Auch Leserunden, beispielsweise auf lesejury.de, bieten sich an, um dein Buch bekannter zu machen und neue Leser zu generieren. Achte darauf, dass dein eBook eine gute Struktur aufweist, einen roten Faden hat und ohne Rechtschreibfehler veröffentlicht wird.

Auch solltest du nur über Themen schreiben, von denen du eine Ahnung hast oder die du lange und intensiv recherchiert hast. Schließlich zahlen deine Kunden Geld für dein Wissen und je mehr unzufriedene Käufer du hast, umso schlechter wird dein eBook im Zweifelsfall bewertet. Andersherum können positive Bewertungen und 5-Sterne-Rezensionen den Verkauf deutlich ankurbeln. Dies gilt natürlich nur für Ratgeber und andere Sachbücher, da du – wenn du einen Roman verfasst – in der Gestaltung vollkommen frei bist.

Wenn du selbst nicht als Autor arbeiten möchtest, kann dieser Geschäftszweig dennoch für dich nutzbar gemacht werden, indem du die Manuskripterstellung auslagerst und dir einen Texter engagierst, dem du genaue Vorgaben gibst, um welche Thematik sich dein Buch drehen soll. Eine einfache Suche im Internet nach einem passenden Texter oder einer Agentur, die dir einen Texter vermitteln kann, ist schnell durchgeführt. Bedenke, dass dich dies eine Geldinvestition kostet, dafür sparst du dir jedoch einiges an Zeit.

Zu guter Letzt muss es nicht bei der Veröffentlichung eines eBooks bleiben. Über Amazon ist auch das Veröffentlichen eines Taschenbuches möglich. Dies läuft so ab, dass Amazon dein Buch sozusagen frisch druckt, wenn eine Bestellung eingeht. Diese „on Demand"-

Vorgehensweise erspart es dir, eine gewisse Auflage im Voraus drucken zu lassen, ohne zu wissen, ob sich dein Taschenbuch gut verkauft. Dadurch wird nur das gedruckt, was auch tatsächlich bestellt wurde. Die Druckkosten werden pro Verkauf direkt von deinen Tantiemen abgezogen, du musst also nicht in die finanzielle Vorleistung gehen.

AFFILIATE-MARKETING

Affiliate-Marketing kannst du auf jeder deiner Internetseiten und in deinen Social-Media-Kanälen anwenden. Hierbei stellst du einen Link ein, auf den deine Kunden klicken und über den sie ein von dir beworbenes Produkt kaufen können.

Dabei gibt es drei Arten von Vergütungsmodellen:

- Pay per Sale, bei dem du bezahlt wirst, wenn jemand über deinen Link ein Produkt gekauft hat.
- Pay per Lead, bei dem ein sogenannter qualifizierter Kundenkontakt entsteht.
- Pay per Klick, bei dem du für jeden Klick bezahlt wirst, der auf deinen Link getätigt wird. Diese Form ist zugegeben sehr selten.

Kurz erklärt: Ein qualifizierter Kundenkontakt bedeutet, dass der potenzielle Kunde, der über deinen Affiliate-Link auf die Unternehmenswebsite weitergeleitet wurde, auf dieser eine bestimmte Handlung unternimmt, die ihn als potenziellen Kunden registriert. Hierzu zählt beispielsweise das Eintragen in einen Newsletter.

Affiliate-Marketing ist also ziemlich einfach – aber an einige Voraussetzungen geknüpft. So wirst du für Unternehmen nur dann interessant, wenn du viele Follower oder viele Besucher auf deiner Internetseite oder einer anderen Internetpräsenz hast. Je weiter fortgeschritten dein Internetauftritt also ist, umso leichter kannst du Affiliate-Links platzieren, die dann auch angeklickt werden.

Dennoch solltest du diese Methode direkt von Anfang an mit anwenden, denn auch Kleinvieh macht Mist und so wächst die Einnahmequelle Affiliate-Marketing mit der Zeit ebenso an, wie dein Online-Auftritt – wenn du dich darum bemühst.

Auch Affiliate-Marketing ist also keine Methode, bei der du einmal einen Link einrichtest und dann nichts mehr für dein Geld tun musst. Selbst hier steckt ein gewisses Maß an Arbeit dahinter, was du niemals vergessen solltest.

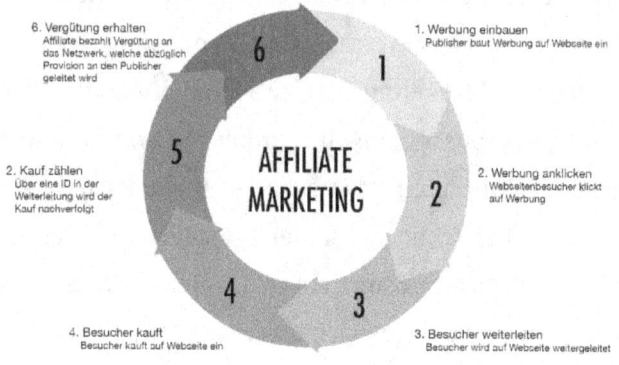

T-SHIRT-BUSINESS

Plattformen wie spreadshirt.de oder teezily.com kannst du nutzen, um Designs hochzuladen, die die Nutzer sich dann auf T-Shirts drucken lassen können. Hierbei ist deiner Kreativität keine Grenze gesetzt. Dies läuft ebenfalls unter dem Modell der „on Demand"-Bestellung.

PoD bedeutet „Print on Demand" und dahinter versteckt sich, dass keine Shirts mit deinen Motiven vorproduziert werden und du in die Vorleistung gehen musst, sondern dass immer nur dann, wenn ein Kunde direkt online dein Design bestellt hat, auch ein Shirt mit diesem gedruckt und versendet wird.

Deine Designs kannst du beispielsweise mit Photoshop oder einer kostenlosen Alternative, wie beispielsweise Gimp, erstellen und auf die Websites hochladen. Dies ist in den meisten Fällen vollkommen kostenlos, es fallen für dich also keine Investitionen an.

Wenn einem Kunden dein Design gefällt, bestellt er dieses direkt über die Website, du musst dich also weder um die Logistik und den Druck noch um den Versand kümmern und bekommst eine Provision von der jeweiligen Plattform.

Auch hier ist es hilfreich, wenn du eine gewisse Online-Präsenz hast, um deine Shirt-Designs zu bewerben und den Leuten zu sagen, wo sie diese kaufen können.

Denke immer daran, dass du kein Genie im Grafikdesign sein musst. Wenn es dir Spaß macht, kannst du es erlernen – und wenn nicht, kannst du auch das Erstellen deines eigenen Shirt-Designs an externe Grafiker vergeben und dir für einen kleinen Geldbetrag ein passendes Design erstellen lassen.

YOUTUBE

Auf YouTube generierst du durch das Erstellen von Videos Zuschauer. Diese werfen letztendlich über die Monetarisierung deines Videos mit geschalteten Werbeanzeigen Geld ab. Zusätzlich kannst du in der Videobeschreibung Affiliate-Links setzen, über die die Produkte, die du im Video bewirbst, von deinen Followern gekauft werden können.

Auch kannst du durch Produktplatzierungen Werbeeinnahmen generieren. Beispielsweise kannst du während eines Videos ein bestimmtes Getränk zu dir nehmen und dabei das Logo in die Kamera halten. Oftmals musst du hierzu gar nichts weiter erzählen, sondern das Produkt einfach nur „zeigen". Achte hier darauf, dass du deine Videos als Werbung kennzeichnest, und besprich die Details einer Werbemaßnahme immer genau mit deinen Auftraggebern.

Auch hier gilt, wie bei allem anderen auch, dass du dir selbst treu bleiben solltest und nur für Produkte wirbst, die auch zu deinem Internetauftritt passen. Erstellst du beispielsweise Videos, wie du Schmuckarmbändchen knüpfst, kannst du deinen Bastelbedarf mit Affiliate-Links unter dem Video aufzählen.

Du denkst, YouTube ist nichts für dich, weil du dich nicht selbst vor der Kamera zeigen willst? Das ist jedoch überhaupt nicht schlimm. Du kannst der Regisseur deines Videos sein und mit Freunden oder professionellen Modellen arbeiten, die deinen Text aufsagen und deine Produkte bewerben und sozusagen gegen einen gewissen Geldbetrag für dich arbeiten. Aber auch ohne ein Gesicht vor der Kamera zu zeigen, kannst du erfolgreiche YouTube-Videos drehen. Hier zu nennen sind beispielsweise Bastel-Tutorials oder Erklärungen, wie du mit Excel, Word, Photoshop oder einem ganz anderen Programm auf dem Computer tricksen kannst. Auch Let's

Plays zeigen oftmals kein Gesicht, sondern die Zuschauer hören nur die Stimme.

Du siehst also, dass YouTube deiner Kreativität keine Grenzen setzt und du Videos und Content generieren kannst, auch ohne dein Gesicht in die Kamera zu halten.

Bedenke jedoch, dass du mit YouTube nur dann wirklich Geld verdienen kannst, wenn du eine sehr hohe Anzahl an Klicks generieren kannst. Auch solltest du die Monetarisierungs-Richtlinien von YouTube kennen, da beispielsweise Videos geclaimt werden können, wenn du Musik verwendest, für die du keine Rechte hast. Dann fließen alle Einnahmen, die dieses Video generiert, an denjenigen, der diese Rechte besitzt und dein Video sozusagen „beschlagnahmt" hat.

Eine weitere Möglichkeit, Kapital aus YouTube zu schlagen, ist das Partnerprogramm. Um Teil des YouTube-Partnerprogrammes zu werden, musst du gewisse Voraussetzungen erfüllen: Dein Konto muss mit einem Google-AdSense-Konto verknüpft sein, du brauchst mindestens 1.000 Follower und musst über die letzten 12 Monate eine Wiedergabezeit deiner Videos von über 4.000 Stunden vorzuweisen haben.

PODCASTING

Podcasts schießen momentan wie Pilze aus dem Boden. Es gibt sie zu jedem beliebigen Thema, von der Reiterei über Gaming oder Physik bis hin zu Lebenstipps oder als Einschlafhilfe. Wenn du also eine eindrucksvolle oder angenehme Stimme hast, eine gute Idee und etwas Kreativität, dann kannst du deinen eigenen Podcast aufnehmen.

Dazu brauchst du neben einer guten Software nur ein gutes Mikrofon, einen gewissen Plan, wie du deine Folgen aufbauen willst, und einen Plan, wie du deinen Podcast in Geld verwandeln kannst.

Das geht beispielsweise über Plattformen wie patreon.com, bei denen deine Fans einen kleinen Geldbetrag spenden können, wenn ihnen dein Podcast gut gefällt. Dies fällt unter die Kategorie Crowdfunding.

Auch bezahlte Werbung, indem du beispielsweise Produkte testest und in Podcasts vorstellst, wäre denkbar.

Die bekannten Affiliate-Links tauchen auch hier wieder auf, du kannst sie in die Podcastbeschreibung packen und deine im Podcast angesprochenen Produkte verlinken.

BLOGGING

Wenn du als Blogger arbeiten willst, gibt es mehrere Möglichkeiten, wie du damit Geld verdienen kannst. Natürlich kannst du deinen eigenen Blog erstellen und diesen regelmäßig mit Content bestücken. Es steht dir vollkommen frei, über welches Thema du bloggen willst. Wähle dabei eines, welches dir sehr liegt, über das du schon von vornherein viel weißt und das für dich nicht langweilig wird. Bei dieser Art ist die Recherchearbeit geringer, doch einige Dinge solltest du dennoch tiefergehend recherchieren, um einen gut aufgebauten Blogartikel mit Mehrwert für die Community zu schreiben.

Andererseits kannst du dich auch von einem Unternehmen anstellen lassen oder freiberuflich für mehrere Unternehmen arbeiten und deren Blog mit Artikeln füllen. Dabei werden die Länge und Anzahl der Blogartikel vom Unternehmen festgelegt.

Um mit deinem eigenen Blog dann irgendwann Geld verdienen zu können, kannst du darauf Affiliate-Links einbinden oder Unternehmen, die zu deinem Internetauftritt passen, Platz für Werbeanzeigen verkaufen.

Für Unternehmen bist du als Werbepartner natürlich nur dann interessant, wenn du es schaffst, eine gewisse Anzahl an Klicks pro Zeiteinheit zu generieren, sogenannter Traffic. Du solltest also deinen Blog ebenfalls bewerben, möglicherweise über Social Media oder E-

Mail.

Manche Firmen vergeben auch bezahlte Produkttests, die du dann in deinem Blog ausführlich dokumentieren und vorstellen kannst.

Sei dir bewusst, dass das Bloggen harte Arbeit ist. Die Artikel sollten eine gewisse Länge haben (oft werden 1.000 bis 1.500 Worte angestrebt), lesenswert geschrieben sein, eine gute Struktur aufweisen und vor allem Mehrwert bieten. Um nicht aus den Köpfen deiner Community zu verschwinden, musst du regelmäßig neue Artikel veröffentlichen und auch die Interaktion, beispielsweise über eine Kommentarfunktion unter dem Artikel, ist wichtig. Hier kannst du direkt auf Fragen eingehen oder Feedback von den Lesern bekommen.

Bedenke, dass auch die äußere Erscheinung des Blogs zählt. Wenn du beispielsweise über Kräuter bloggst, sollten im Hintergrund keine Autos zu sehen sein. Auch die Schriftfarbe, die Hintergrundfarbe und die Schriftart sollten deiner Zielgruppe angepasst sein. Eine gute Seitennavigation ist von Vorteil, damit die Besucher deines Blogs auch alles auf den ersten Klick finden können.

Wenn du keine Zeit hast, dich in die Erstellung eines Blogs einzulesen, kannst du deine Seite von einem externen Fachmann gegen Bezahlung entwerfen lassen. Ansonsten solltest du einige Zeit zur Website-Erstellung einrechnen.

E-MAIL-MARKETING

Die Werbung via E-Mail ist vor allem für bestehende Unternehmen interessant, um Informationen zu ihren Produkten, Sales oder anderen Dingen mit ihren Kunden zu teilen. Hierzu tragen sich potenzielle Kunden und Interessenten in eine E-Mail-Liste ein und regelmäßig wird an eine ganze Gruppe von Menschen dann der Newsletter verschickt.

Dies ist eine schöne Möglichkeit, auf deine Produkte hinzuweisen. Damit kannst du beispielsweise deine Online-Coachings, dein T-Shirt-Business oder dein eBook bewerben. Und Affiliate-Links kannst du ebenfalls in deinen Newsletter packen. Du kannst dadurch auch eine gewisse Kundenbindung aufbauen und dafür sorgen, dass du im Gedächtnis bleibst.

Finde einen guten Abstand für deine regelmäßigen Newsletter, damit sich die Kunden nicht über zu häufige, nervige Newsletter beschweren. Auch solltest du herausfinden, wie lang dein Newsletter sein darf, damit er von deinen Kunden gelesen wird. Oftmals sind gerade junge Menschen sehr lesefaul. In diesem Fall ist es sinnvoll, mit Bildern und großen Überschriften zu arbeiten.

VERSTÄNDNISFRAGEN:

1. Welche Modelle kannst du ohne Gewerbeanmeldung umsetzen?

2. Welche Rolle spielt das Marketing in den verschiedenen Bereichen der hier vorgestellten Modelle?

3. Sortiere die hier genannten Methoden nach ihrer Aufwändigkeit.

4. Wie kannst du die Methoden sinnvoll miteinander kombinieren?

5. Welche Methode bringt dir in deiner jetzigen Situation den größten Nutzen?

Notizen:

Kapitel 13:
Die richtige Mischung

Das Internet bietet eine Vielzahl von Möglichkeiten, dich auszuleben. Du kannst einen YouTube-Kanal erstellen, auf Instagram aktiv werden, dir einen Blog aufbauen, eine Affiliate-Marketing-Website aufbauen oder ins T-Shirt-Business einsteigen, um nur einen Bruchteil deiner Möglichkeiten noch einmal zu nennen.

Natürlich ist es wichtig, dich zuerst einmal in einem der Bereiche zu positionieren und deine Zeit dort in den gründlichen Aufbau deines Online-Business zu investieren. Dies schließt jedoch nicht aus, dass du dich weiterentwickeln kannst und sozusagen in einem folgenden Schritt deine Internetpräsenz erweitern kannst.

Social Media lässt sich beispielsweise mit allen anderen Bereichen hervorragend kombinieren und als kostenlose Werbeplattform bietet beispielsweise Instagram dir alle Möglichkeiten, im persönlichen und nahen Kontakt mit deinen Kunden, Followern oder Fans zu sein.

Ein Beispiel möchte ich dir hier geben, damit du dir besser vorstellen kannst, wie all die Möglichkeiten für dich nutzbar werden. Nehmen wir also an, du hast dir eine Internetseite aufgebaut, auf der du für deine Kurse wirbst. Als Erstes solltest du diese Kurse erstellen. Sind es Online-Webinare, bei denen du beispielsweise durch eine PowerPoint-Präsentation führst, oder andere Kurse und Coachings, die du online, vielleicht live, oder durch das Herausgeben von Informationsunterlagen an den Kunden verkaufst, sollten diese Kurse natürlich komplett fertig sein, bevor du damit an die Öffentlichkeit gehst.

Nun kannst du durch eine Facebook- oder Instagram-Seite deine Kurse bewerben, du kannst mit Teilnehmern interagieren und diese betreuen. Wenn das gut läuft und du dich wohl in deiner Haut fühlst, kannst du einen YouTube-Kanal erstellen, auf dem du kurze Ausschnitte deines Kurses bewirbst, weiterführende Infos gibst oder kleine Tutorials drehst. Letztendlich kannst du dann auf deiner Internetseite oder in deinen Kursen auch Affiliate-Links einbauen oder die Seite anderweitig mit Werbung füllen, die zwingend zu deinem Kurs und deinem Angebot passen muss, damit du weiterhin als authentisch wahrgenommen wirst.

Letztendlich kannst du vielleicht sogar Live-Events starten oder dir einen zweiten Geschäftszweig aufbauen, den du auf den bereits bestehenden Kanälen bewerben und verbreiten kannst.

Du siehst also: Das Internet ist ein wahrer Spielplatz und du kannst mit den verschiedenen Methoden jonglieren, wie es dir beliebt. Nochmals sei der Hinweis erlaubt: Konzentriere dich zu Beginn erst einmal auf einen Teil dieser Methoden, bis du diesen grundlegend beherrschst und dir eine solide Grundlage aufgebaut hast. Sonst läufst du schnell Gefahr, dich zu übernehmen und mit der Pflege deiner verschiedenen Kanäle, Seiten oder Modelle nicht hinterherzukommen. Dies schadet deiner Besucherzahl, du verlierst Follower und dein Geschäft verliert reales Geld.

VERSTÄNDNISFRAGEN:

1. Welche Vorteile bietet dir die Kombination mehrerer Methoden?
2. Welche Ideen sind besonders gut zur Kombination untereinander geeignet?
3. Welche Gefahr besteht bei der Kombination mehrerer Methoden?
4. Mit welcher Methode solltest du beginnen?
5. Woran erkennst du, ob eine Methode bereit ist, kombiniert zu werden?

Notizen:

Kapitel 14: Top 5 Erfolgsfaktoren im Online-Business

Von welchen Faktoren hängt es ab, ob du mit deinem Online-Business auf Dauer erfolgreich bist oder nicht? Diese Frage stellen sich viele Gründer und ich möchte dir hier die fünf wichtigsten Faktoren nennen, die du im Auge behalten solltest, um dein Online-Business erfolgreich zu halten.

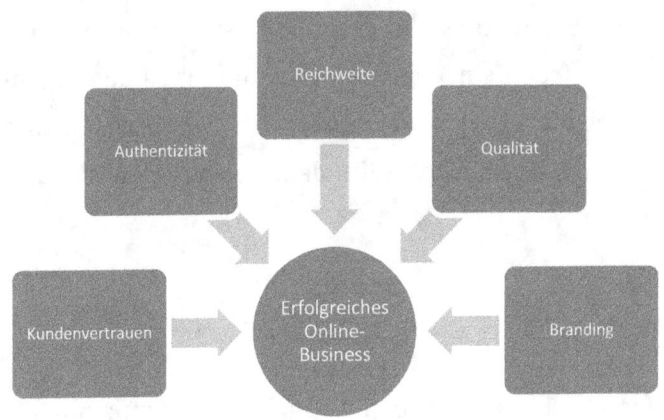

KUNDENVERTRAUEN

Der erste Schritt, den du mit deinem Online-Business gehen musst, ist derjenige, dich und dein Produkt bekannt zu machen. Ist dies erst einmal geschafft und du hast eine gewisse Anzahl an Kunden, die an dir interessiert sind, solltest du versuchen, diese Kunden zu binden. Und dies gelingt dir am besten durch Vertrauen. Wenn deine Kunden von dir und deinen Produkten überzeugt sind, sind sie geneigt, weiterhin bei dir zu kaufen und dich sogar aktiv weiterzuempfehlen.[12]

Dieses Vertrauen musst du dir erarbeiten. Sei authentisch, ehrlich und vor allem zuverlässig. Halte gegebene Versprechen ein, sorge dafür, dass Support und Anfragen

---

[12]https://www.springerprofessional.de/kundenmanagement/aufbau-von-kundenvertrauen-ein-schwieriges-unterfangen/6597586

schnell beantwortet werden, und kümmere dich persönlich um jeden einzelnen Kunden. Gib ihnen das Gefühl, dass es dir wirklich wichtig ist, dass sie zufrieden sind. Nimm dir Zeit für deine Kunden, sie werden es dir danken.

BRANDING

Was genau ist Branding? Oftmals wird damit nur das Logo oder der Slogan benannt, das bzw. der ein Unternehmen kennzeichnet, doch dahinter steckt noch viel mehr. Branding ist die Seele, die Kernaussage, die hinter dir und deinem Online-Business steckt. Betreibst du beispielsweise einen Blog, so ist das Branding die Story deines Blogs, sein Kernziel, sein Zweck, der Grund seiner Existenz. Dein Branding muss in den Köpfen deiner Leser auftauchen, in Form von Bildern, Gedanken, Emotionen oder Assoziationen.[13]

Frage dich Folgendes: Was unterscheidet dich und dein Produkt von der Konkurrenz? Welchen Mehrwert kannst du den Lesern/deinen Kunden bieten und welchen ganz spezifischen Nutzen ziehen deine Follower aus deinem Online-Business? Welches Problem löst du, welche einzigartige Nische deckst du ab, welche Mission,

---

[13]https://www.selbstaendig-im-netz.de/blogs/warum-branding-und-positionierung-der-schluessel-zum-blogging-erfolg-sind-10-schritte-teil-1/

welchen Daseinszweck hast du mit deinem Online-Business und warum tust du, was du tust?

Lasse dir Zeit damit, dein Branding zu definieren, und mache dir ausreichend Gedanken. Dies wird dir helfen, dich zu positionieren und dich und dein Produkt für deine Kunden interessant zu machen.

AUTHENTIZITÄT

Dein Sagen und dein Tun müssen übereinstimmen. Sei ehrlich zu dir und deinen Kunden und halte dich an deine eigenen Regeln. Am besten zu erklären ist dies mit einem einfachen Beispiel:

Nehmen wir an, du betreibst einen Blog und einen YouTube-Kanal für Yoga-Tutorials und vegane Ernährung. Schalte dabei auf keinen Fall Affiliate-Links oder Anzeigen, die für Fast-Food werben oder Fleischprodukte anpreisen. Dies wird dich gegenüber deinen Followern als unglaubwürdig darstellen.

REICHWEITE

Achte auf die Regelmäßigkeit deiner Internetpräsenz: das regelmäßige Schicken des Newsletters, die täglichen Posts in Social Media, die wöchentlich erscheinenden Blogbeiträge – nur, wenn du aktiv bleibst und laufend neuen, interessanten Content generierst, kannst du deine Reichweite langsam, aber effektiv steigern. Und wie schon des Öfteren erwähnt, ist Reichweite dein bester Freund, wenn es um die Wirkung von Marketing oder Affiliate-Links geht.

QUALITÄT

Biete hochwertige Produkte, hochwertigen Content und nützlichen Mehrwert. Verfalle nicht in das Muster "viel hilft viel". Lieber schraubst du die Erscheinungsfrequenz neuer Videos, Blogbeiträge oder Podcast-Folgen etwas zurück, sodass nur alle zwei Tage, alle zwei Wochen oder einmal im Monat von dir neuer Content geliefert wird, der dafür aber qualitativ hochwertig ist und deinen Kunden einen echten Mehrwert bietet.

Wenn du drei eBooks in einer Woche schreibst, leidet zwangsweise die Qualität. Konzentriere dich lieber darauf, eines nach dem anderen sorgfältig vorzubereiten, zu recherchieren, zu schreiben und Korrektur zu lesen, und widme dich erst dann dem nächsten Thema.

Oder aber du engagierst drei Texter, die sich mit den Themen auseinandersetzen.

VERSTÄNDISFRAGEN:

1. Warum vertraut dir dein Kunde oder warum eben nicht?
2. Ist es ausreichend, dir ein einmaliges Logo als Branding zuzulegen?
3. Was verlierst du, wenn du nicht authentisch bist?
4. Wie hängen Reichweite und Präsenz zusammen?
5. Welche Ansprüche stellst du an deine eigene Qualität?

Notizen:

Kapitel 15: Die Schritt-für-Schritt-Anleitung für Anfänger

Bedenke bitte, dass die Anleitung, die ich dir in diesem Kapitel geben will, nicht eins zu eins auf jedes Geschäftsmodell umgesetzt werden kann. Jedes Online-Business ist individuell und jedes Modell fordert eine eigene Herangehensweise. Eine Verallgemeinerung der Schritte ist daher sehr schwierig und du solltest offen dafür sein, in die nun folgende Liste einige, für dich und dein Business zwingend notwendige

Schritte zu integrieren. Auch die Reihenfolge kann bei einigen Modellen variieren, bleibe also flexibel in der Sichtweise. Dennoch kannst du die Herangehensweise an dein Online-Business grob in folgende Schritte aufteilen:

1. Geschäftsmodell
2. Nische finden
3. Zielgruppe definieren
4. Produkt/Dienstleistung entwickeln und testen
5. Vertrieb, Marketing, Verkauf
6. Analyse, Tests, Optimierung
7. Skalierung

GESCHÄFTSMODELL

Finde dein eigenes Geschäftsmodell und informiere dich darüber.

Im Internet findest du unglaublich viele Möglichkeiten, dich zu positionieren. Prinzipiell kannst du aus den unter Kapitel 12 genannten Modellen wählen. Diese habe ich dir zur Erinnerung noch einmal aufgeschrieben: Coaching & Infobusiness, Self-Publishing-Business, Affiliate-Marketing, T-Shirt-Business, YouTube, Podcasting, dein eigener Blog oder E-Mail-Marketing.

Natürlich kannst du auch aus einem anderen Geschäftsmodell wählen, dies ist allein dir und deinen Vorlieben, Stärken und Schwächen überlassen.

NISCHE FINDEN

Um dich erfolgreich positionieren zu können, musst du Alleinstellungsmerkmale schaffen. Was kannst du oder was hast du, was andere nicht können bzw. haben? Es mag richtig sein, dass heutzutage zu (fast) jedem Thema schon etwas im Internet angeboten wird, doch das ist kein Nachteil. Im Gegenteil kannst du all diese Informationen nutzen, um in deinem Teilbereich gut und stetig besser zu werden. Wichtig ist, dass du dich für ein Thema/eine Nische entscheidest, mit dem/der du Spaß hast und von dem/der du denkst, dass du dich langfristig damit beschäftigen kannst. Als große Themengebiete sind zu nennen:

Dabei ist der Themenbereich mit den höchsten Verdienstmöglichkeiten „Geld" und im Uhrzeigersinn absteigend folgen die anderen Bereiche. Bedenke, dass du es in einem begehrten Themenbereich natürlich mit mehr Konkurrenz zu tun haben wirst.

All diese Übergruppen lassen sich nun in weitere Untergruppen einteilen. Siehe hierzu folgende Tabelle:[14]

---

[14] https://www.internetunternehmerakademie.de/platzhalter-seite/kompakt-kurse/ein-info-business-aufbauen/infobusiness-module-1-10/infobusiness-modul-1-sie-finden-sie-ein-thema-fur-ihr-informationsprodukt/

Geld	Verdienen	Sparen	Anlegen	etc.	
Eitelkeit	Abnehmen	Muskeln	Gutes Aussehen	etc.	
Beziehungen	Ehe	Partnerschaft	Sex	Kinder	Haustiere
Psychologie	Ängste	Zwänge	Persönlichkeitsausbildung	Motivation	Erfolgstraining
Freizeit	Musikinstrument lernen	Besser in einer Sportart werden	Hobbys	Zaubertricks	etc.

Schritt für Schritt musst du nun deine eigene Nische finden und dich darin auskennen lernen. Starte, indem du dir einen Themenbereich aussuchst und anschließend ein Unterthema auswählst. Die obere Tabelle ist natürlich längst nicht vollständig. Eine schnelle Google-Suche kann weitere Unterthemen und Themenbereiche aufdecken und auch detaillierte Nischen auftun. Beispielsweise entscheidest du dich für den Bereich „Psychologie". Du möchtest über Motivation schreiben und bei der ersten Google-Suche stößt du auf das Thema „Selbstmotivation".

Mit diesem kleinen Themenbereich kannst du nun starten. Natürlich spricht nichts dagegen, dass du später weitere Themen hinzunimmst und irgendwann über Ängste schreibst oder über die Motivation verschiedener Gruppen, wie beispielsweise Schulkinder, Angestellte oder die eigene Familie. Hier ist deiner Fantasie keine Grenze gesetzt.

Du bist auch vollkommen frei in der Wahl deines Mediums. Du kannst dich fürs Amazon-Self-Publishing entscheiden, ein Coaching daraus machen oder einen Podcast und auch einen Blog oder einen YouTube-Kanal damit starten. Erinnere dich daran, dass du mit einer der Möglichkeiten beginnst, später aber natürlich andere kombinieren kannst.

Erinnere dich daran, dass du vor allem dann viele Kunden generieren kannst, wenn du Kurse oder Informationen bietest, die es sonst nirgendwo im Netz oder auch Offline zu finden gibt, oder wenn du den Überfluss an freizugänglichen Informationen so gut verkürzen kannst, dass deine Kunden vom Informations-Overload befreit werden und dank deiner Hilfe sofort wissen, was zu tun ist.

Hier setzt auch der nächste Schritt deiner Nischenfindung an. Wenn du dich für ein Thema entschieden hast, beginnst du damit, alle Informationen zu sammeln, die es hierzu zu finden gibt – egal, ob nützliche Websites in Form von Blogs, Foren oder anderen Informationswebsites. Auch Artikel, Bücher, Zeitschriften und Videomaterial – in Form von Fernsehsendungen, Archivaufzeichnungen von Fernsehsendern oder auch auf YouTube – solltest du zusammentragen und dich tief und umfassend in die Thematik einlesen.

Dann kannst du loslegen.

ZIELGRUPPE DEFINIEREN

Nur, wenn du deine Zielgruppe kennst, kannst du deinen Content auf sie zuschneiden. Dabei sind grundlegende Daten wie Alter und Geschlecht wichtig, aber auch abstraktere Daten wie Interessen, Bedarf und Probleme deiner Zielgruppe. Wenn du all dies kennst, kannst du dich darauf konzentrieren, dein Geschäft aufzubauen.

Kenne dich und dein Produkt oder deine Dienstleistung. Sei immer darauf bedacht, dass du dein Produkt so optimierst, dass du die Menschen ansprichst, mit denen du gerne interagieren würdest. Du musst deine Kunden mögen und gerne mit ihnen arbeiten, dich gerne mit ihnen beschäftigen.

Deine Coachings und Bücher müssen interessant und auf Augenhöhe geschrieben sein. Schreibst du ein Mathematikbuch, solltest du natürlich deine Sprache und deinen Stil dementsprechend verändern, als wenn du ein Buch über Makeup-Artists verfasst. Auch die Links, die du beispielsweise über Affiliate-Marketing einbaust, sollten den Bedürfnissen deiner Zielgruppe angepasst sein. Hier eignet es sich besonders, wenn du das Kaufverhalten deiner Zielgruppe kennst und weißt, welche Produkte sie mögen und gerne nutzen.

Es wird dir ungemein helfen, wenn du dir einen Kundenavatar baust. Darunter versteht man einen fiktiven Kunden, den du mit allen Daten ausstattest, die du über deine Zielgruppe gesammelt hast:

- Wer ist diese Person und welche demografischen Merkmale hat sie?
- Welchen Beruf übt sie aus?
- Hat sie Familie? Kinder?
- Wo und wie lebt dein fiktiver Kunde?
- Welche Einstellung zum Leben/zum Konsumverhalten/etc. hat dein fiktiver Kunde?
- Welche Hobbys, Interessen und Vorlieben zeichnen ihn aus?
- Wie informiert sich dein fiktiver Kunde und über welche Themen?

- Welche Dienste nutzt dein Kunde online?
- Wie ist der Kaufentscheidungsprozess deines fiktiven Kunden?
- Ist dein fiktiver Kunde beeinflussbar? Von Familie, Freunden, Social-Media?
- Welchen Nutzen hat dein Kunde von deinem Produkt?

Je genauer du deinen fiktiven Kunden mit Leben füllst, umso detaillierter wirst du sagen können, welche Bereiche des Marketings sich für dich lohnen und in welchen Bereichen du noch weiter auf deine Zielgruppe eingehen solltest.

Wenn du noch mehr hilfreiche Fragen über deinen perfekten Kunden formulieren willst, wirf einen Blick auf diese Website: https://sujanpatel.com/marketing/150-buyer-persona-questions/.

PRODUKTENTWICKLUNG & TESTUNG

Hierbei kommt es ganz darauf an, für welches Produkt du dich entschieden hast oder ob du eine Dienstleistung, zum Beispiel in Form einer Problemlösung, anbietest.

Wichtig ist, dass du dir Feedback von echten Kunden holst. Biete dein Produkt, deine Videos, deine Website, deine Podcasts oder welches Online-Business-Modell du auch gewählt hast, möglichst schnell deiner Zielgruppe an und analysiere genau, wie diese auf dich und deine

Marke reagiert. Nutze das Feedback deiner Kunden, um deine Dienstleistung und auch den Verkaufsprozess zu optimieren.

1. Wie soll dein Produkt aufgebaut sein? Woraus besteht dein Produkt oder deine Dienstleistung? Sind deine Coachings beispielsweise reine Videos mit Text oder gibt es Arbeitsblätter und Checklisten dazu? Was kann dein Produkt und welche Varianten davon könnte es geben?

2. Welchen Nutzen bringt dein Produkt oder welche Ziele sind damit erreichbar? Was kannst du beispielsweise an deinem Produkt anders machen als alle anderen? Was macht genau dein Produkt besser?

3. In welchem Umfeld muss dein Produkt angewendet werden? Zielst du darauf ab, ein T-Shirt-Business aufzubauen, überlege beispielsweise, welche Anforderungen an deine Grafiken gelten, wenn deine Kunden deine Produkte während der Arbeit, auf Festivals oder auf Partys tragen sollen.

4. Welche Anforderungen an dein Produkt und an die Herstellung ergeben sich aus dem geplanten Nutzen? Dies bezieht sich auf Farbe, Material und Bauteile deines Produkts oder auf den Aufbau deines Coachings, die Gliederung deiner Videos oder auf den Aufbau und die grafische Gestaltung deines Blogs.

5. Setze all diese Überlegungen in der Erstellung deines eigenen Produktes um und teste es auf dem Markt. Kann ein Kunde, dem dein Produkt zuerst einmal neu

erscheint, dieses direkt und intuitiv nutzen? Findet er sich zurecht? Welche Probleme treten bei der Nutzung auf?

VERTRIEB, MARKETING, VERKAUF

In den Bereich Vertrieb fällt alles, was du an Vorarbeit leistest, um dein Produkt verkaufsfertig zu machen. Das Marketing bewirbt dein Produkt oder deine Dienstleistung und an letzter Stelle steht dann der erfolgreiche Verkauf deines Produktes. Gerade der Bereich Marketing erfordert einen hohen Aufwand deinerseits, da niemand dein fertiges Produkt kaufen kann, wenn er es nicht kennt. Hierbei hilft dir eine bereits bestehende Internetpräsenz oder du startest damit, beispielsweise in Social Media aktiv zu werden.

E-Mail-Liste
E-Mails sind ein alter Hut, wenn es um Marketing und Verkaufswerbung geht. Doch nur, weil es etwas schon länger gibt, muss es nicht nutzlos sein. E-Mails bringen dir zumeist mehr Traffic auf deine Seite und mehr Verkäufe deines Produktes, als es Instagram und Facebook schaffen. Hierbei ist natürlich der Aufbau deines Newsletters entscheidend – aber zuerst vor allem die Erstellung deiner E-Mail-Liste.

Sorge dafür, dass deine E-Mails so interessant und

kurzweilig sind, dass die Leute sie gerne lesen und du ihnen damit einen echten Mehrwert bietest. Dabei musst du keine langen, ausschweifenden Mails verschicken, auch kurze Texte, gewitzte Tipps und Anekdoten können bei deinen Kunden gut ankommen.

Um deine E-Mail-Liste mit Namen und Empfängern zu füllen, kannst du verschiedene Wege gehen.

1. Zeige mit deinem Content, wie wertvoll du bist. Versetze dich in die Lage deines potenziellen Kunden. Wie kannst du diesen davon überzeugen, dass es sich für ihn lohnt, sich in deine E-Mail-Liste einzutragen? Dazu solltest du frei verfügbaren Content, beispielsweise auf deinem Blog, in Form deiner Videos, Podcasts oder anderweitig, bereitstellen, der so gut ist, wie ein starker Magnet, und deinen Kunden dazu verführt, sich das Wissen zu sichern, das du ihm mit deinen Mails zukommen lassen wirst.

2. Biete deinen Kunden ein kostenloses Geschenk an, wenn sie sich dafür in deine E-Mail-Liste eintragen. Dieses Freebie muss unwiderstehlich sein. Hierzu nutzt dir vor allem die genaue Analyse deiner Zielgruppe. Wenn du deine potenziellen Kunden kennst und weißt, mit welchen Problemen sie zu kämpfen haben, kannst du ihnen ganz leicht etwas anbieten, was ihnen die Lösung dieser Probleme erleichtert, und die Newsletter-Anmeldung kommt wie von allein.

3. Präsentiere deinen Kunden beim Besuch deiner

Website, deines Podcasts oder deiner Videos, dass du den perfekten Newsletter anbietest. Niemand wird sich anmelden, wenn er den Link zur Anmeldung nicht findet. Sei dabei gerade im richtigen Maße aufdringlich und erwähne deinen E-Mail-Newsletter stetig.

4. Nutze andere Blogs, Podcasts oder Videos. Kennst du deine Zielgruppe, dann kannst du auch sagen, welche anderen Seiten oder Blogs sie gerne besucht. Durch Gastartikel, Interviews oder dergleichen kannst du bei Blogs mit hohen Besucherzahlen für dich werben und die Leute auf dich aufmerksam machen.

Sales Funnel
Der sogenannte Verkaufstrichter selektiert deine potenziellen Kunden vor, sodass du nur mit denen in Kontakt kommst, die die höchsten Kaufchancen bieten. Oft besteht ein typischer Sales Funnel aus den folgenden fünf Schritten:

1. Aufmerksamkeit gewinnen: Durch Vorträge, deine Internetseite, den Blog, Videos, Podcasts oder auch durch Printwerbung lenkst du die Aufmerksamkeit potenzieller Kunden auf dich und dein Produkt.

2. Interesse wecken & Daten austauschen: Nun musst du prüfen, ob diese Interessenten dein Produkt wirklich haben wollen. Dies kann beispielsweise durch dein Freebie ermöglicht werden, sodass potenzielle Kunden im Tausch gegen eine Kostprobe deines Produktes ihre

Daten in deinen Newsletter eintragen.

3. Erstkontakt & Bedürfnisanalyse: Nun kannst du deine Produkte oder deine Dienstleistung deinem Kunden präsentieren und aktiv und ausgiebig für dich und deine Marke werben. Du musst hierbei deinen potenziellen Kunden vor allem den Nutzen hervorheben, den dein Produkt für sie haben kann.

4. Angebote unterbreiten: Ist dein Kunde überzeugt davon, dass er einen Mehrwert in deinem Produkt erwarten kann, machst du ihm ein unschlagbares Angebot, welches er nicht ablehnen kann. Bedenke hierbei, dass du nicht nur eine einzelne Mail schreiben solltest. Biete in drei bis vier Mails, die in kurzer Zeit aufeinanderfolgen, mehrere verschiedene Produkte an, um dein gesamtes Portfolio zu präsentieren und deinen Kunden mit attraktiven Angeboten zu locken.

5. Auftragsannahme: Im letzten Schritt des Sales Funnels kommt es dann zum Abschluss des Verkaufs und im besten Falle zu einer langfristigen Kundenbindung. Denn die besten Kunden sind diejenigen, die immer wieder bei dir kaufen.

Auch die Möglichkeit, mit Upsell-Methoden zu arbeiten, solltest du kennen. Hierbei gibt es drei verschiedene Varianten. Beim klassischen Upselling entscheidet sich der Kunde für ein Produkt, beispielsweise für einen deiner Online-Kurse. Auf der Bezahlseite kannst du ihm nun ein dazu passendes Produkt, beispielsweise das eBook zum Kurs, direkt mit anbieten. Statt also nur den Kurs zu kaufen, entscheidet sich dein Kunde für das teurere Paket, bestehend aus Kurs und Buch.

Beim One-Click-Upsell funktioniert dies im Prinzip ähnlich. Hier schließt der Kunde den Kauf ab und wird nach erfolgreichem Verkauf auf eine Seite weitergeleitet, auf der du ihn auf andere, passende Produkte aufmerksam machst.

Beim Cross-Selling bietest du Produkte an, die zu dem passen, was dein Kunde gewählt hat. Hat er sich für eines deiner eBooks zum Thema Eventfotografie entschieden, bietest du ihm das Buch über Bildbearbeitung als Upselling an.

Reichweite nutzen
Um schnell an Reichweite zu gewinnen, kannst du Influencer nutzen. Biete ihnen eine Kooperation an, bei der du deine Produkte zur Verfügung stellst. Die Influencer testen und bewerten deine Produkte und präsentieren diese ihren Followern. Wichtig ist, dass du Influencer wählst, die zu dir und deiner Marke – aber vor allem zu deiner Zielgruppe – passen!

ANALYSE, TESTS UND OPTIMIERUNG

Die Analyse, Testphase und Optimierung deines Produktes sind keine einmaligen Dinge, die du dann als abgeschlossen ansehen kannst. Bedenke, dass sich deine Zielgruppe stetig weiterentwickelt, dass der Markt stetig wächst und dass deine Konkurrenz auf keinen Fall schläft. Du solltest also niemals die Füße hochlegen und dich auf deinem Produkt ausruhen.

Stattdessen ist dies ein unendlicher Prozess von Kundenfeedback und Verbesserungen. Stecke viel Liebe, Detail und Arbeit in die Optimierung deines Produktes, so kannst du auf lange Sicht deine Kunden zufrieden halten und dafür sorgen, dass sie immer wieder gerne bei dir kaufen.

Ein wichtiger Punkt sollte daher die Web-Analyse deines Online-Business sein. Hierbei erfasst du durch die Analyse Websitedaten, wie zum Beispiel

- die Anzahl der Besucher,
- die Verweildauer auf deiner Seite,
- die Zahl der Neuanmeldungen für deinen Newsletter oder Ähnliches,
- mit welchem Gerät (Desktop, Smartphone, Tablet) deine Seite aufgerufen wird,
- von welcher Quelle die Besucher deiner Website kommen (Google-Suche, andere Links)
- Stärken und Schwächen deiner Website und
- viele andere Daten mehr.[15]

---

[15] https://digitales-unternehmertum.de/warum-web-analyse-ein-muss-im-online-business-ist/

Hierbei bietet vor allem Google Analytics eine interessante Möglichkeit der Analyse. Dies ist für dich komplett kostenlos nutzbar. Hier kannst du analysieren, wie viele Seitenbesucher du hast und wie lange diese auf deiner Seite bleiben. Auch die Seitenaufrufe pro Nutzer sind sehr interessant, um zu beurteilen, ob deinem Kunden dein Content gefällt. Bei der Verweildauer kannst du genau erfahren, welche Produkte/Blogbeiträge/Videos deine Kunden bevorzugen und interessant finden.

Wenn du feststellst, dass viele deiner Nutzer deine Seite an einem bestimmten Punkt verlassen haben, kannst du an genau dieser Stelle Verbesserungen anbringen.

Auch kann nachverfolgt werden, welchen Weg deine Kunden über deine Website genommen haben. So kannst du erfahren, ob deine Verlinkungen funktionieren oder ob die Besucher weiterführende Informationen, wie aufeinander aufbauende Blogartikel, auch wirklich finden können.

Google Analytics kann auch Ort und Region deiner Nutzer anzeigen und dir somit sagen, in welchen Ländern/Regionen du gut vertreten bist und wo du noch in Werbung investieren könntest.

Übrigens kannst du dir anzeigen lassen, wie viele neue Besucher deine Website aufrufen und wie viele der Aufrufe auf wiederkehrende Kunden zurückzuführen sind. Dein Ziel ist es, immer neue Kunden zu gewinnen sowie die alten Kunden zu halten und mit deinen weiteren Angeboten zum Wiedereinkauf zu bewegen. So kannst du ganz genau erkennen, ob deine Marketinganstrengungen auch Erfolg haben.

Auch technische Details kann Google Analytics für dich anzeigen. Betriebssystem, Hardware, Browserinfos und anderes kannst du dir anzeigen lassen und so sehen, ob deine Website beispielsweise auch auf dem Handy gut genutzt werden kann oder ob dir vor allem die Leute abspringen, die versuchen, deine Seite mit dem Handy zu nutzen. Dann siehst du direkt, dass es hier Verbesserungsbedarf gibt.

Natürlich kannst du auch auf Zeiträume zurücksehen. Ist dein Produkt vor allem im Winter oder im Sommer interessant? Welche Werbekampagnen haben am besten gegriffen? Wann macht es Sinn, deine Marketingstrategie zu verstärken und von wo kamen die Kunden auf deine Seite? Werbe-Popups? Gastbeiträge? Links auf anderen Blogs oder unter dem YouTube-Video? All das kannst du dir mit Google Analytics anzeigen lassen.

Die Optimierung der Schwächen, die die Analyse ergeben hat, sollten immer dein nächstes Ziel sein. Hier kannst du dich natürlich, wie in allen Bereichen auch, an einen externen Fachmann wenden, der die Analysen für dich auswertet und dich auf die Schwächen deiner Website/deines Internetauftritts hinweist, oder du liest dich selbst ein.

Eine Verbesserung muss sich recht schnell in den besseren Analyse-Ergebnissen niederschlagen. Wenn dies nicht der Fall ist, solltest du noch einmal daran feilen und vielleicht weiter optimieren.

SKALIERUNG

Der Begriff Skalierung bedeutet auf dein Online-Business bezogen, dass du dein Unternehmen ausweitest.[16] Du wächst sozusagen, bekommst im besten Fall mehr Aufträge, nimmst mehr Geld ein und erwirtschaftest vermehrt Gewinn. Doch was genau bedeutet „Skalierung eines Geschäftsmodells" denn nun wirklich?

Hierbei ist der Satz von Nicholas Taleb für mich am einprägsamsten gewesen: „Such dir einen Job, der skalierbar ist". Dies beschreibt, dass du möglichst nicht nach aufgewendeter Zeit, sondern nach erreichtem Nutzen bezahlt werden solltest. Damit ist konkret gemeint, dass du in einer Stunde einen festen Stundenlohn hast und es dir nicht möglich ist, diesen extrem zu steigern. Wenn du nun aber in dieser einen Stunde etwas tust, was sich danach ohne weiteren Aufwand weiterverkauft – sozusagen von selbst läuft –, verdienst du weiterhin Geld, ohne jedes Mal aktiv Arbeit hinein zu investieren.

Ein schönes Beispiel ist die Arbeit des Filmstars. Dieser nimmt einmal eine Szene auf, vielleicht auch zwei oder dreimal, und später läuft der Film dutzende Male im Kino, im Fernseher und wird auf DVD und bei Streaming-Diensten verkauft.

---

[16] https://www.gruenderszene.de/lexikon/begriffe/skalieren?interstitial

Du kannst also Berufe wie Arzt, Anwalt oder Steuerberater nicht (gut) skalieren, weil du für jeden Kunden individuelle Entscheidungen und Lösungen finden musst, die unabhängig von deinen vorherigen Kunden sind und die du auch nicht als Vorlage für andere Kunden verwenden kannst.

Als gut skalierbare Berufe gelten Autoren, Content generierende Influencer, beispielsweise auf YouTube, das Erstellen von Online-Kursen und dergleichen. Hier arbeitest du einmal für dein Video/deinen Kurs/dein Buch und insofern das Ergebnis deinen Kunden gefällt, verkauft sich dein Produkt ohne, dass du weitere Arbeitsstunden investierst. Voraussetzung ist natürlich ein funktionierendes Marketing. [17]

Als gut skalierbare Modelle gelten vor allem Start-Ups, die dieses Wachstum mit wenig Aufwand erreichen. Aufwand steht hierbei für deine eingesetzte Zeit und natürlich für das investierte Geld. Wenn ein Unternehmen nur unter Einsatz großer Kapitalinvestitionen wachsen kann, sozusagen eine Stufe auf der Leiter der Skalierung aufsteigen kann, dann ist das Unternehmen schlecht skalierbar.

Als Merkmale eines skalierbaren Geschäftsmodells kannst du folgende Punkte betrachten:[18]

---

[17] https://onlinebusinesshelden.com/skalierbarkeit/
[18] https://ut11.net/de/blog/was-macht-geschaeftsmodelle-skalierbar-ein-startup-guide/

- Hohe Expansionsfähigkeit: Ist der Verkauf deines Produktes relativ problemlos in neuen Märkten, beispielsweise im Ausland, möglich? Hier fallen bei eBooks oder Kursen und Videos meist nur Übersetzungsarbeiten an.

- Geringe Anfangsinvestitionen: Oftmals sind Online-Business-Ideen umso besser skalierbar, je weniger Kapital anfangs in die Gründung investiert wurde.

- Geringe Fixkosten: Gleichbleibende Kosten, wie beispielsweise Mieten, sollten in deinem Unternehmen gering gehalten werden, sich also nicht mit einer Expansion stark steigern.

- Hohe Automatisierung: Dein Unternehmen lebt davon, dass Kunden unabhängig von deiner Präsenz bei dir einkaufen können. Wenn du also einmal dein eBook online gestellt hast, bestellen deine Kunden direkt online und der Kauf läuft automatisiert und optimiert ab, ohne dass du erst physisch aktiv werden musst.

- Keine Kapazitätsgrenzen: Ortsunabhängig kann dein Produkt viele Kunden auf einmal bedienen. Hierbei sind vor allem Online-Kurse oder Coachings das perfekte Beispiel. Stell dir vor, du gibst einen Kurs, bei dem du jedes Mal physisch anwesend sein musst und die Erklärungen immer selbst gibst. Hier besteht eine Höchstgrenze an Teilnehmern, da du nicht an allen Orten zugleich sein kannst. Steht dein Kurs online zur Verfügung, können sich von überall auf der Welt beliebig viele Menschen deinen Kurs herunterladen und ihn vollkommen selbstständig ansehen und von dir lernen.

Was bedeutet also nun der Begriff Skalierung für dein Online-Business?

Erstelle dir am besten eine Liste deines Produktes und den Überlegungen, die du zu allen vorherigen Schritten getroffen hast, beginnend bei der Suche nach einem Geschäftsmodell. Hier solltest du direkt ein Modell wählen, bei dem du das höchste Potenzial für Skalierbarkeit erkennst, beispielsweise die Erstellung von YouTube-Tutorials oder eigenen Online-Coachings.

Im zweiten Schritt, dem Finden deiner eigenen Nische, ist die Skalierbarkeit insofern zu beachten, als dass du eine Thematik wählen solltest, die auch in mehreren Jahren noch aktuell ist, um Zukunftsaussichten für dein Online-Business zu sichern.

In Schritt drei, der Definition deiner Zielgruppe, nutzt du die Skalierbarkeit insofern aus, als dass du dir darüber Gedanken machst, inwieweit du Prozesse automatisieren kannst. Entwickelst du ein Produkt für Rentner, die sich mit dem Internet sehr wenig auskennen und es kaum nutzen, oder konzentrierst du dich auf Jugendliche, die mit den Sozialen Medien aufwachsen und einen Großteil ihrer Einkäufe, ihrer Recherche – ihres ganzen Lebens – online tätigen?

Bei Punkt vier, der Entwicklung und Testung deines Produktes, und auch beim Vertrieb und beim Marketing, solltest du Wert auf leichte Handhabung legen und vor allem darauf, dass du – wie oben erklärt – die Arbeit möglichst nur einmal leisten musst und sich dein Produkt von da an „von selbst" verkauft.

Abschließend möchte ich anmerken, dass du durchaus auch ein Geschäftsmodell wählen, eine Nische bedienen und eine Zielgruppe aussuchen kannst, die auf den ersten Blick nicht so viel Potenzial für die schnelle Skalierung hat. Bedenke hierbei, dass organisches Wachstum immer langsamer vonstattengeht und du mehr Geduld und Durchhaltevermögen brauchst, um zu wachsen. Dies muss nicht unbedingt schlecht sein, wähle hier unbedingt das Modell, das am besten zu dir passt.

VERSTÄNDNISFRAGEN:

1. Ist es ratsam, strikt nach einer Schritt-für-Schritt-Anleitung aus dem Internet vorzugehen?
2. Was beachtest du bei der Erstellung deiner eigenen Vorgehensweise?
3. Warum ist gerade die Zielsetzung entscheidend?
4. Wann bist du bereit, mit deinem Produkt an die Öffentlichkeit zu gehen?
5. Was sollte dein hochwertigstes Ziel sein?
6. Welche Überlegungen zum Thema Skalierbarkeit solltest du wann treffen?

Notizen:

Kapitel 16: Der Vorgeschmack – das ist kein Ende!

Wenn du nun hier am Ende angekommen bist, denkst du vielleicht, dass du jetzt alles wüsstest, was du brauchst, um im Internet erfolgreich ein Online-Business aufzubauen, doch halt: Dieses Buch ist erst der Anfang einer ganzen Reihe, die vollgepackt ist mit Tipps, Ratschlägen und Strategien, die du brauchst, um dein Online-Business erfolgreich aufzubauen und auch zu halten.

Die Buch-Reihe „Online-Business aufbauen für Anfänger" liefert dir auch in den Folgebänden ausführliche

Anleitungen zu jedem der hier vorgestellten Geschäftsmodelle. Hat dich eines der in Kapitel 12 vorgestellten Geschäftsmodelle gepackt? Bist du heiß darauf, endlich dein eigenes Online-Business zu gründen und niemandem als dir selbst Rechenschaft über deine Arbeit ablegen zu müssen? Willst du dein eigenes Geld verdienen und dabei unabhängig von Arbeitszeiten sein und dir den Weg ins Büro und nervige Chefs und Kollegen sparen?

Dann sei gespannt, was dich in den Folgebänden der Reihe „Online-Business aufbauen für Anfänger" erwartet. Dort wird mit vielen Details darauf eingegangen, welche Anforderungen die verschiedenen Geschäftsideen an dich fordern, auf was du achten musst und wie es diejenigen gemacht haben, die mit diesem Modell wahrhaft erfolgreich sind. Außerdem wirst du viele Schritt-für-Schritt-Anleitungen zum Nachmachen darin finden, die dir den Einstieg massiv erleichtern werden.

Lerne von den Profis und erspare dir einen langen Weg von Irrtümern und Rückschlägen. Natürlich wirst du trotzdem nicht durchstarten wie eine Rakete und deinen steilen Anstieg an die Spitze die ganze Zeit beibehalten können. Es wird auch Rückschläge und Talfahrten geben – aber in den folgenden Ratgebern erfährst du, wie du von Anfang an möglichst viele Anfängerfehler vermeidest und sofort den richtigen Weg gehst.

Damit du keinen der Folgebände verpasst, kannst du dich über dieses Formular eintragen:

https://www.ilyaru.com/finanzen-gift-opt-in/.

So wirst du die Bücher als Erstes zu lesen bekommen und erhältst zudem noch exklusive Bonus-Inhalte sowie eine Reihe weiterer essenzieller Infos zum Thema "Geld verdienen im Internet mit deinem eigenen Online-Business"!

Kapitel 17: Schlusswort

Zu guter Letzt bleibt mir nur noch zu sagen, dass ich hoffe, dass dir dieser Einblick in die Gründung deines eigenen kleinen Online-Business gefallen hat. Halte dich stets motiviert, erinnere dich daran, wie du dein Growth Mindset jeden Tag aufs Neue positiv beeinflussen kannst, und freue dich über jedes erreichte Ziel, sollte es auch noch so klein sein.

Feiere dich und deinen Erfolg, auch wenn es nur in kleinsten Schritten vorangeht. Dies erhält dir die Freude, die unabdingbare Voraussetzung dafür ist, dass du mit deinem kleinen Online-Business wachsen und es zu einer großen Unternehmung heranziehen kannst.

Behalte deinen Sinn fürs Abenteuer und freue dich auf viele weitere Bände in dieser Reihe, die dir die ultimativen Tipps geben, wie du erfolgreich wirst – und es auch bleibst!

Ich habe versucht dieses Buch möglichst kompakt, praktisch und Informativ zu halten, damit es kein dicker Roman mit 1000 Seiten wird.

Ich und mein Team hoffen natürlich, dass dieser Ratgeber hilfreich und nützlich für dich war. Falls ja, dann wäre es super nett von dir, wenn du uns bei Amazon deine Rezension für diesen Ratgeber hinterlassen würdest.

So unterstützt du mich (Ilya Ru) und mein Team und hilfst uns dabei, diesen Ratgeber für noch mehr Menschen zugänglich zu machen. Außerdem hilfst du damit auch anderen Menschen, ihren Traum zu verwirklichen, Ihre Ziele zu erreichen und Ihre Probleme zu lösen.

Vielen Dank für deine Zeit und hoffentlich bis bald. Ich und mein Team wünschen dir noch einen wunderschönen Tag und lass dir gut gehen.

Liebe Grüße
Ilya Ru & Team

Hilfreiche Quellen und weiterführende Infos

Mein Newsletter zum Thema Finanzen und Geld verdienen im Internet: https://www.ilyaru.com/finanzen-gift-opt-in/

Mein Blog: www.ilyaru.com

Online Kurse zum Thema Geld verdienen im Internet, die dich wirklich weiter bringen (es sind Affiliate links von mir):

Geld verdienen mit Affiliate Marketing:
https://www.ilyaru.com/Cashcowbook

Geld verdienen mit YouTube: https://www.ily-aru.com/youtubebook

Geld verdienen mit Amazon Self Publishing: https://www.ilyaru.com/selfpublishingbook

Geld verdienen mit Instagram: https://www.ily-aru.com/instagrambook

Geld verdienen mit Podcast: https://www.ily-aru.com/podcastmbook

Geld verdienen mit eBay-Kleinanzeigen: https://www.ilyaru.com/ebaykleinanzeigenbook

https://www.gruender.de/passives-einkommen-aufbauen-25-tipps/

https://www.junge-gruender.de/passives-einkommen/

https://karrierebibel.de

https://online-geld-verdienen-im-internet.info/

https://www.selbstaendig-im-netz.de/

https://www.omt.de/online-business-gruenden/

https://de.wikihow.com/Ein-Online-Business-gr%C3%BCnden

https://www.focus.de/digital/experten/start-up-gruendung-wie-wir-in-72-stunden-ein-online-business-aufbauten-und-einen-netten-gewinn-machten_id_7270841.html

https://www.justetf.com/de/academy/was-sind-etfs.html

https://www.gruenderszene.de/lexikon/begriffe/skalieren?interstitial

https://www.akademie.de/wissen/nebenberuflich-selbststaendig/regeln-arbeitsagentur

https://www.finanztip.de/indexfonds-etf/

https://www.bondora.com/de/peer-to-peer-kredite

https://www.smartsteuer.de/online/

https://www.kleinunternehmer.de/index.htm#erleichterungen_fuer_kleinunternehmer

https://www.zielbar.de/magazin/zielgruppe-definieren-10878/

https://www.business-wissen.de/hb/operative-produktplanung-und-produktentwicklung/

https://sandraholze.com/e-mail-liste-aufbauen/

https://unternehmer.de/lexikon/online-marketing-lexikon/sales-funnel

https://blog.elopage.com/mit-upsell-deine-umsaetze-erhoehen-so-gehts/

https://www.internetunternehmerakademie.de/platzhalter-seite/kompakt-kurse/ein-info-business-aufbauen/infobusiness-module-1-10/infobusiness-modul-1-sie-finden-sie-ein-thema-fur-ihr-informationsprodukt/

https://onlinebusinesshelden.com/skalierbarkeit/

https://ut11.net/de/blog/was-macht-geschaftsmodelle-skalierbar-ein-startup-guide/

https://digitales-unternehmertum.de/warum-web-analyse-ein-muss-im-online-business-ist/

www.ingramcontent.com/pod-product-compliance
Lightning Source LLC
Chambersburg PA
CBHW052357220526
45465CB00003BB/1134